« DOCTEUR, C'EST LA PROSTATE ? »

Tout sur la prostate, ses troubles, ses traitements

C'est naturel, c'est ma santé

« DOCTEUR, C'EST LA PROSTATE ? »

Tout sur la prostate, ses troubles, ses traitements

Dr Patrice Pfeifer

EDITIONS Alpen
Alpen Éditions
9, avenue Albert II
98000 Monaco

Patrice Pfeifer est urologue à Limoges, membre de l'Association française d'urologie, spécialiste des maladies de la prostate. *Docteur, c'est la prostate ?* est son deuxième livre sur le sujet. Il constitue la synthèse de quinze années de pratique médicale.

Pour la présente Édition

9, avenue Albert II - MC - 98000 MONACO
Tél. : *00377 97 77 62 10*
Fax : *00377 97 77 62 11*

Direction :
Christophe Didierlaurent
Suivi éditorial :
Fabienne Desmarets
Service éditorial :
Sandra Del Barba
Mise en page et infographie :
Stéphane Falaschi

Crédits photos :
John Fox, Image Source, Stockbyte, Photodisc, Digital Vision, Goodshoot, Creatur Collection, Photo Alto, Copyright © 20 N. Abdallah et ses concédants : tous droits réservés.

Dépôt légal : *2014*

Imprimé en Union Européenne

Introduction

Vous souffrez de la prostate ou vous n'avez aucun symptôme, mais vous avez entendu parler de la prostate, vous vous posez des questions et vous vous demandez si vous pourriez être concerné.
Un de vos proches est malade de la prostate et pourtant il était en si bonne santé et vous vous inquiétez pour la vôtre.
Un parent proche est décédé d'un cancer de la prostate : y a-t-il une transmission familiale et avez-vous un risque plus élevé d'être touché par cette maladie ?
Existe-t-il des « moyens » de prévenir les maladies de la prostate (alimentation, hygiène de vie, sexualité) ?
Vous prenez un médicament pour votre prostate : devez-vous vous attendre à être opéré un jour ?
Autant de questions que tout homme va se poser un jour ou l'autre à partir du moment où il atteint la cinquantaine.
Les émissions et les articles médicaux se multiplient avec le développement des médias et de notre société.
« Il y a de plus en plus de cancers de la prostate, Docteur, comment cela se fait-il ? » Et si c'était simplement parce que l'on en parle de plus en plus, alors qu'il a toujours été la cause principale de mortalité par cancer chez l'homme...
On vous a dit que vous aviez un adénome de la prostate, vous avez peur d'être opéré un jour ou vous craignez qu'il ne devienne cancéreux...

AVERTISSEMENT

Les informations contenues dans ce livre ne peuvent pas remplacer un avis autorisé. Avant toute automédication, consultez un médecin ou un pharmacien qualifié.

Vous trouverez dans ce livre
des explications qui vous permettront
de mieux comprendre les raisons :
- d'un dépistage,
- d'un médicament,
- d'un changement de mode de vie,
- d'une simple surveillance,
- de l'intérêt d'une intervention chirurgicale ;
mais aussi d'être rassuré quant aux craintes que vous pouvez ressentir à tort, simplement parce que vous n'osez pas en parler.
Surtout, ce livre vous aidera à mieux vivre avec votre prostate car elle ne sera plus un sujet tabou...
Il vous encouragera à mieux régler votre alimentation pour prévenir éventuellement certaines maladies prostatiques. Il vous informera sur ces pathologies, vous aidera à poser des questions plus averties à votre médecin, à mieux comprendre ce qu'il vous proposera. En aucun cas, ce livre ne peut se substituer aux 7 à 15 années d'études de votre médecin généraliste ou de votre urologue qui, par leur expérience, seront à même de vous conseiller au mieux.

TABLE DES MATIÈRES

LES CHEMINS QUI MÈNENT À LA PROSTATE

Plusieurs raisons motivent une première visite chez l'urologue, même si vous n'avez aucun symptôme.

Pour faire le point tout simplement

Vous avez 50-60 ans, vous avez entendu parler de la prostate et vous décidez de vous-même d'un rendez-vous chez un urologue, simplement pour faire le point. Il vous demandera si vous éprouvez des difficultés à uriner puis il pratiquera un toucher rectal *(lire p 22)*. S'il décèle une zone suspecte, le médecin proposera une biopsie. Si le toucher rectal est normal ou si votre prostate est effectivement un peu « grosse » mais que vous urinez normalement, il vous proposera de mettre en place un suivi. Il vous prescrira dans tous les cas une analyse de sang pour doser une protéine qui rend compte de l'activité de la prostate et qu'on appelle PSA (*Prostate Specific Antigen* en anglais) *(lire p 26)*. Il vous recommandera de reprendre contact si votre taux de PSA est élevé. Une biopsie sera alors peut-être nécessaire.

Le taux normal de PSA varie avec l'âge

Vous avez	Le taux normal doit être (en nanogrammes par millilitre)
40-49 ans	< 2,5
50-59 ans	< 3,5
60-69 ans	< 4,5
70-79 ans	< 6,5

Des envies d'uriner très fréquentes

Vous êtes adressé à un urologue par votre médecin traitant car votre PSA est au-dessus de la normale ou parce que vous avez des troubles urinaires.

L'urologue vous demandera combien de fois vous vous levez la nuit pour uriner (jusqu'à 2 fois par nuit est normal), comment est la force du jet d'urine et en cas d'envie pressante, si vous parvenez à vous retenir sans difficulté.
Il vous fera ensuite un toucher rectal afin d'apprécier le volume de votre prostate et sa consistance.

Plusieurs cas de figures se présentent alors :

- votre prostate est grosse et souple, c'est un adénome qui ne vous gêne pas et qui ne nécessite aucun traitement ;
- votre prostate est de taille normale mais si l'urologue sent une zone dure ou simplement ferme, il vous proposera des biopsies pour écarter un cancer débutant, stade auquel vous pourrez en être guéri par un traitement adapté ;
- votre prostate est de taille et de consistance normale mais le taux de PSA est élevé : le cancer débutant reste à craindre et l'urologue pourra vous proposer un nouveau dosage de PSA quelques mois plus tard ou des biopsies systématiques si vous êtes jeune (moins de 70 ans).

Enfin, il vous fera probablement **une échographie prostatique endorectale** pour mesurer le volume de votre prostate car le taux de PSA augmente parfois simplement avec la taille de la prostate même s'il n'y a pas de cancer. Dans ce cas, il suffit de surveiller votre PSA.

Vous ne faites plus pipi normalement ? Le médecin va vous parler de…

- **pollakiurie** si vous urinez plus de 2 fois par nuit et 10 à 15 fois pendant la journée ;
- **impériosités mictionnelles**, si vos envies sont pressantes, parfois insoutenables voire incontrôlables. Ces manifestations sont liées au fait que la prostate se trouve sous la vessie, qui est alors, en quelque sorte, excitée et se contracte trop souvent.
- **dysurie** s'il vous faut attendre pour uriner. Le jet est fin, faible, irrégulier, parfois dédoublé. Votre miction est longue et se termine de façon saccadée avec des gouttes terminales. La compression de l'urètre par la prostate entraîne une dysurie souvent plus nette au petit matin.

Parfois s'associent à ces symptômes des douleurs, des brûlures en fin de miction et des éjaculations douloureuses lors des rapports sexuels.

DES TROUBLES QUI ÉVEILLENT LES SOUPÇONS

Du sang dans les urines, des sensations de brûlures ou bien encore impossibilité d'uriner... des troubles plus ou moins graves qui peuvent aussi impliquer la prostate.

Quand il y a du sang dans les urines

Quelques gouttes de sang peuvent colorer en rouge les urines contenues dans la vessie. On parle d'hématurie. Ne paniquez pas car il n'y a aucun danger. Cette présence de sang est **plus inquiétante que dangereuse.** Buvez beaucoup d'eau « pour rincer » et consultez votre médecin...

Une hématurie peut être due :

- à la simple congestion de la prostate ;
- à une infection urinaire qui « enflamme » et fragilise les parois de la vessie, les faisant alors saigner ;
- à des calculs dans la vessie qui irritent les parois.

Quand la prostate est en cause, cela donne généralement une hématurie initiale (le sang arrive en premier et l'urine s'éclaircit par la suite). Ces hématuries surviennent de temps en temps et ne sont pas dangereuses. Néanmoins, leur répétition pourra conduire à décider un jour d'une intervention chirurgicale sur la prostate.

Vous ressentez des brûlures en urinant

C'est probablement une infection urinaire qui provoque une irritation de la vessie et de l'urètre. Les brûlures s'accompagnent souvent d'envies très fréquentes d'uriner, jusqu'à une dizaine de fois dans la nuit. La

Savoir d'où vient le sang

Toute hématurie impose un bilan urologique comprenant une échographie, une urographie intraveineuse et une fibroscopie vésicale pour rechercher les autres causes d'hématurie (tumeurs de vessie, calculs, tumeurs du rein, tumeurs de l'uretère).

Infection urinaire : quand la prostate s'en mêle

Une infection urinaire nécessite un bilan urologique complet. Si l'infection est due à une hypertrophie de la prostate, un traitement pour cette glande sera nécessaire par la suite, mais si les infections sont trop fréquentes, une intervention chirurgicale sera peut-être à envisager.

vessie, n'ayant pas le temps de se remplir, les quantités d'urines émises à chaque fois, sont très faibles. Parfois, l'irritation est telle que la vessie peut saigner. Vous aurez peut-être de la fièvre (38 à 40 °C), ce qui signifie souvent que des bactéries ont pénétré dans l'épaisseur de la prostate (le risque est la septicémie).
L'infection est diagnostiquée par une analyse d'urine et rapidement **soulagée par un traitement antibiotique.** Pour les infections urinaires fébriles, le traitement dure alors trois semaines.

La rétention aiguë d'urines : « pisser ou mourir »

Vous n'avez pas uriné depuis 24 heures ou plus, la vessie est pleine, bloquée ; vous avez envie d'uriner et vous ne pouvez pas. Le bas ventre est tendu, très douloureux lorsque l'on appuie avec la main. Cette perception arrondie, au-dessus du pubis, est nommée globe vésical : la vessie peut alors contenir plus d'un litre d'urine ! C'est la rétention aiguë d'urines.
Rien ne sert de forcer ni d'attendre. Une seule chose à faire : **glisser une sonde** par le canal de l'urètre et vider la vessie. Vous serez immédiatement soulagé. Téléphonez à un médecin généraliste ou à SOS médecin ou allez directement aux urgences. La sonde est laissée quelques jours pour laisser « reposer » la vessie. Une fois retirée, il y a environ une chance sur deux de pouvoir uriner à nouveau normalement. Mais attention à la récidive ! La rétention aiguë d'urines peut révéler une hypertrophie de la prostate jusque là méconnue car sans symptômes apparents. Elle peut aussi survenir chez un homme prenant déjà un traitement pour la prostate ; elle marque alors un tournant dans l'évolution de la maladie. L'intervention chirurgicale sur la prostate sera alors probablement nécessaire.

Ce qui favorise la rétention d'urine

- un effort de retenue prolongé
- certains médicaments (pour le rhume ou les bronches, anxiolytiques)
- la constipation
- une rachianesthésie (anesthésie pour insensibiliser la partie inférieure du corps) pour une intervention chirurgicale d'autre nature
- la consommation exagérée de certains aliments et boissons : repas de fêtes bien arrosés, champagne, vin blanc, pastis, bière...

LA PROSTATE QU'EST-CE QUE C'EST ?

Un peu d'anatomie régionale

Afin de bien comprendre les symptômes et les répercussions des maladies de la prostate, voyons tout d'abord comment fonctionne l'appareil urinaire masculin.

La prostate est située sous la vessie (plus exactement sous le col vésical) et entoure l'urètre. Il ne faut pas confondre l'urètre qui est le conduit par lequel s'évacue l'urine en provenance de la vessie et les uretères qui sont les conduits amenant l'urine depuis les reins jusqu'à la vessie. La prostate est constituée de trois lobes : les lobes droit et gauche et le lobe médian, placé en arrière et sous le col vésical.

Le rôle des sphincters

La portion située sous la vessie est nommée la base prostatique et l'autre extrémité est nommée l'apex, qui se situe juste avant le **sphincter strié** de l'urètre. Ce sphincter est un muscle qui assure la continence urinaire volontaire. C'est lui que l'on commande lorsqu'on veut se retenir d'uriner. Un deuxième sphincter, le lisse, fonctionnant de manière automatique est situé autour du col vésical.
Quand la prostate a été enlevée chirurgicalement, le sphincter strié est préservé et permet de retenir les urines.

Pour surveiller les reins, surveiller la créatinine

La créatinine est une substance issue de la dégradation des protéines par l'organisme. Eliminée par les reins, la créatinine peut être dosée dans le sang et dans les urines. Le taux de créatinine sanguine est compris entre 8 et 12 mg/l. Le dosage de la créatinine sanguine (ou créatininémie) est le reflet de la fonction rénale et remplace aujourd'hui le dosage de l'urée. Lorsque la créatinine sanguine est normale ou basse, la fonction rénale est bonne. Lorsque la créatinine est élevée, elle témoigne d'une insuffisance rénale.

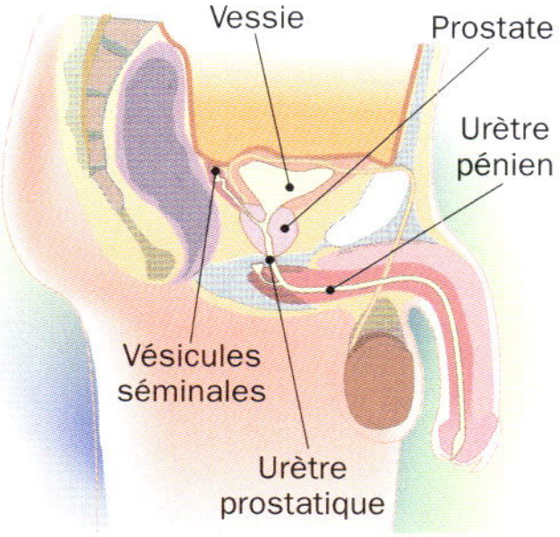

Localisation de la prostate

Dans certaines conditions, ce sphincter devient faible et peut provoquer une incontinence post-opératoire. En arrière de la base prostatique, se trouvent les vésicules séminales qui font office de réservoir de sperme entre les éjaculations. Elles sont branchées sur les canaux éjaculateurs qui traversent la prostate pour se jeter dans l'urètre au niveau du *veru montanum*. Ces canaux éjaculateurs sont indissociables de la prostate et lorsqu'on enlève la glande en totalité, on est obligé de les sectionner. L'intervention rend donc la personne stérile.

La vessie sert de réservoir…

La vessie recueille les urines produites par les reins. Elle stocke les urines entre deux mictions. Sa capacité de stockage dépend de son élasticité. Ses parois sont constituées de fibres musculaires **(détrusor)**. Ces fibres se distendent au fur et à mesure que la vessie se remplit. Au delà d'un certain volume, des phénomènes réflexes vont inverser le fonctionnement de ces fibres et déclencher leur contraction. C'est à ce moment-là que l'on ressent l'envie d'uriner.
Le sphincter strié (jusqu'alors fermé pour retenir les urines) va s'ouvrir et la miction va se produire. Le jet urinaire va rapidement augmenter de force pour ensuite diminuer quand on approche de la fin de la vidange vésicale.

Anatomie des voies urinaires

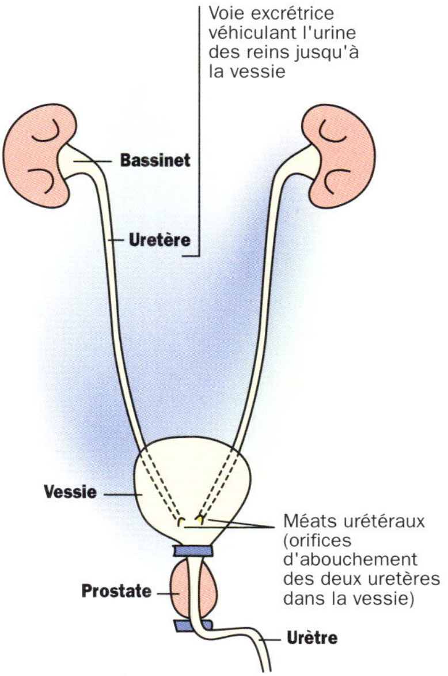

... et les reins de filtre

Les reins sont au nombre de deux. Ils débarrassent le sang de ses déchets toxiques, déchets qui sont ensuite éliminés via l'urine. Parmi ces déchets, le plus connu est l'urée. Une accumulation d'urée dans le sang signe l'insuffisance rénale. Un taux d'urée trop élevé peut entraîner des troubles de la vigilance pouvant aller jusqu'au coma. On parle de « crise d'urémie ».

La prostate : à la fois une glande et un muscle

La prostate : une glande sexuelle

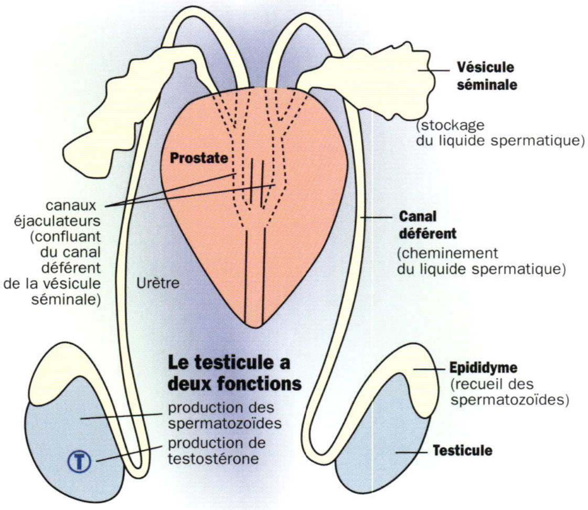

La prostate est une petite glande, bien mal placée, à un carrefour urinaire et génital, dont le simple nom évoque le vieillissement et dont les maladies font craindre une perte de la virilité.

Comme une châtaigne

La prostate est une petite glande, à peu près de la taille d'une châtaigne et n'existant que chez l'homme. Elle sert à **fabriquer des sécrétions** qui vont entrer dans la composition du sperme. C'est là son seul rôle.

Ce n'est pas une glande vitale (contrairement au foie qui, lui aussi, est une glande mais dont l'homme ne peut se passer pour vivre). On peut donc la retirer, dans certaines circonstances, sans aucun danger pour l'organisme.

Les problèmes viennent en fait de sa situation anatomique qui fait que son ablation entraînera souvent des séquelles sur le plan urinaire ou sexuel.

Des muscles et des fibres

La prostate est constituée de zones glandulaires, musculaires et fibreuses. Les zones glandulaires produisent les sécrétions et les zones musculaires sont à l'origine des contractions ; c'est au niveau de cette région musculaire que se trouvent des récepteurs alpha (qui reçoivent les stimulations d'un messager chimique appelé adrénaline). Lorsque l'on bloque ces récepteurs avec des médicaments dits alpha-bloquants, il s'ensuit un relâchement des fibres musculaires prostatiques, une relaxation de la glande et enfin un meilleur écoulement des urines.

Quand la prostate est malade

Les maladies de la prostate sont au nombre de trois :
- la prostatite ou infection de la prostate ;
- l'adénome ou hypertrophie bénigne de la prostate ; c'est la plus fréquente. C'est une augmentation de la taille de la prostate. Il s'agit d'une tumeur bénigne c'est-à-dire qu'elle n'est pas cancéreuse (attention : tumeur ne signifie pas cancer mais simplement augmentation de la taille d'une partie d'un organe) ;
- le cancer, véritable fléau il y a encore une quinzaine d'années, est de mieux en mieux contrôlé par les techniques de dépistage et les traitements actuels. C'est une tumeur maligne de la prostate, malin signifiant cancer.

Nous avons donc affaire à deux types de tumeurs prostatiques :
– l'une, bénigne : l'adénome
– l'autre, maligne : le cancer.

Prostate centrale et prostate périphérique

Pour mieux comprendre ces deux maladies que sont l'adénome et le cancer, ainsi que les symptômes qui vont en découler, regardez le schéma ci-contre. Ce dessin montre que la prostate est constituée de deux parties :
- La prostate centrale (encore appelée zone de transition ou prostate crâniale) qui entoure la voie urinaire, la comprime lorsqu'elle augmente de volume, entraînant alors une gêne à l'émission des urines. C'est à partir de cette prostate centrale que se développe l'adénome. Elle n'a rien à voir avec le cancer et ne devient jamais cancéreuse.
- La prostate périphérique (encore appelée zone périphérique ou prostate caudale), qui entoure la prostate centrale. C'est elle qui donne naissance au cancer et elle ne donne jamais d'adénome.

Les deux zones de la prostate

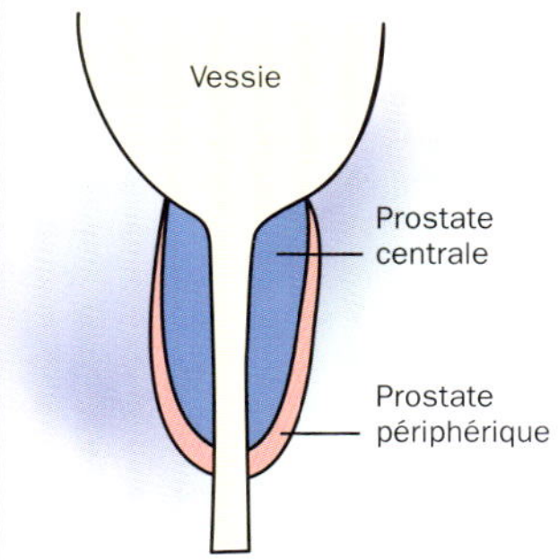

Quand la prostate fait des siennes

La diminution de la force du jet urinaire et des levers nocturnes fréquents sont des signes qui doivent faire penser à un problème de prostate. Mais il arrive aussi qu'il n'y ait aucun symptôme.

Les symptômes sont liés à l'augmentation du volume de la glande, mais bon nombre d'hypertrophies de la prostate passent totalement inaperçues et seul un toucher rectal permet de les déceler. Donc si vous n'êtes pas gêné pour uriner, cela ne signifie pas que votre prostate est normale.

Quand la prostate devient gênante

Une prostate grossie engendre des troubles urinaires, diversement liés à l'irritation vésicale et à la compression de l'urètre. Une étude de l'ANFUC (Association nationale de formation urologique continue) a permis de classer les symptômes selon leur fréquence.

Fréquence des symptômes sur un panel de 159 patients

Symptômes	Pourcentage
Diminution de la force du jet	90
Pollakiurie nocturne	87
Pollakiurie diurne	85
Retard d'apparition du jet	61
Sensation de miction incomplète	55
Impériosités	49
Gouttes terminales	40
Jet interrompu	23

On peut ajouter à cette liste de temps en temps des douleurs mictionnelles, des brûlures en fin de miction et des éjaculations douloureuses.

Des envies d'uriner à répétition

On parle de pollakiurie lorsque le nombre de mictions est supérieur à 2 la nuit et à 5 la journée. Ses retentissements sur la vie quotidienne peuvent devenir difficiles à supporter. Les impériosités gênent le sommeil du couple, perturbent les longs trajets en voiture, la vie professionnelle (réunions, conférences), les loisirs (cinéma, théâtre), les promenades et les courses en ville... Le citadin est donc globalement plus gêné que le rural.

Les symptômes de congestion pelvienne

Pesanteurs plus ou moins douloureuses du bassin, de la région sus-pubienne, du périnée, ou des testicules qui peuvent être associées à des degrés divers aux symptômes précédemment décrits.
Les autres symptômes (hématuries, infections urinaires, blocage ou rétention aiguë d'urines) révèlent en fait une complication de l'hypertrophie prostatique, mais pourront survenir chez un homme qui, jusqu'alors, ne se plaignait de rien.

L'incontinence est en fait une fausse incontinence

Les fuites urinaires dans les problèmes prostatiques ne peuvent être assimilées à de l'incontinence. Ce ne sont que des troubles mictionnels dus à l'hypertrophie prostatique : gouttes terminales retardataires, fuites par mictions impérieuses, « débordement » d'urines par regorgement dans la rétention chronique. Le traitement de l'hypertrophie prostatique les fera disparaître.

Du sang dans le sperme

Lorsqu'il y a des traces de sang dans le sperme, on parle d'hémospermie. Assez fréquente, elle n'a aucune gravité mais nécessite une consultation urologique.

Les complications à long terme

Quand la prostate devient trop grosse, impossible de faire pipi normalement. L'ensemble du système urinaire se dérègle progressivement.

La vessie se vide mal

L'hypertrophie prostatique gêne l'écoulement de l'urine et la vessie est obligée de lutter contre la pression qu'exerce la prostate sur ses parois pour évacuer l'urine. Le détrusor, à force de travailler plus, va se « muscler », s'épaissir et le volume d'urine que peut contenir la vessie va diminuer petit à petit. Dans le même temps, les envies d'uriner se font de plus en plus nombreuses. Au fil du temps, le détrusor se « fatigue » et la vessie ne se vide alors plus complètement : on dit qu'il reste un résidu vésical post-mictionnel.
La présence constante d'urine dans la vessie favorise les infections urinaires.
Progressivement, ce résidu augmente, la vessie se vide de moins en moins et elle se distend.

Des cailloux indésirables

Les urines qui stagnent dans la vessie et les infections urinaires favorisent la formation de calculs dans la vessie. C'est ce qu'on appelait la « maladie de la pierre ». La présence de ces calculs n'a aucun lien avec les classiques calculs rénaux. Les calculs vésicaux naissent et grossissent dans la vessie. Il sont parfois très nombreux et atteignent la taille d'un œuf de caille. En irritant les parois de la vessie, ils peuvent provoquer des saignements. Lorsqu'ils sont trop nombreux, une opération de la vessie permet de les retirer. La prostate est alors opérée puisque c'est elle qui est à l'origine de la formation de ces calculs.

La rétention chronique

Au fil des années, la distension de la vessie devient de plus en plus importante. Elle se contracte moins bien, on perd l'envie d'uriner. La vessie est presque constamment remplie de parfois plus d'un demi-litre d'urine. Lorsque le trop-plein déborde on parle de fausses incontinences par regorgement.

Attention danger pour les reins

À ce stade, si rien n'est fait, la distension gagne l'étage supérieur. La vessie se vide mal et se distend, puis ce sont les uretères qui s'évacuent de plus en plus mal et se distendent, enfin vient le tour des bassinets et des calices. L'urine va alors stagner dans les reins : l'insuffisance rénale guette. Elle n'apparaît généralement qu'au bout de longues années d'évolution de troubles urinaires négligés et ne se manifeste que par des symptômes discrets : état nauséeux, troubles du transit intestinal, fatigue, troubles de la vigilance pouvant parfois aller jusqu'au coma. Le fonctionnement des reins va petit à petit se dégrader donnant d'abord une insuffisance rénale réversible si l'obstacle prostatique est traité. S'il est négligé, l'atteinte sera irréversible. Cette situation qui relève de la dialyse est heureusement de plus en plus rare.

Une prostate mal soignée et c'est tout l'appareil urinaire qui souffre

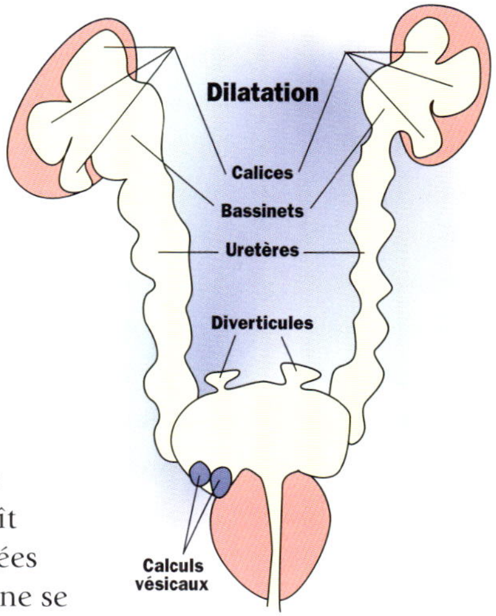

Des recoins dans la vessie

Au fur et à mesure de l'épaississement du détrusor, certaines zones vont se fragiliser et la muqueuse vésicale va former à cet endroit de petites « hernies » nommées diverticules. Ces diverticules contiennent et parfois retiennent de l'urine favorisant, là aussi, les infections urinaires. Leur association avec un épaississement de la paroi vésicale fait parler d'aspect de « vessie de lutte ».

LA CONSULTATION CHEZ L'UROLOGUE

Le toucher rectal

La prostate est située au niveau du périnée, juste en arrière du rectum et il n'y a donc qu'une seule façon de l'examiner : c'est le toucher rectal.

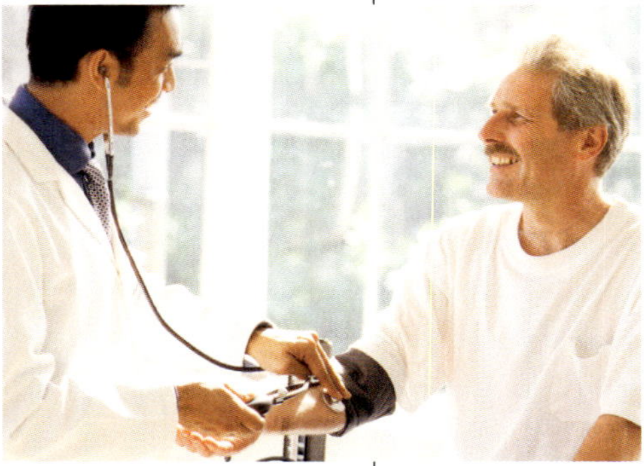

La prostate grossit avec l'âge

quelques grammes à la naissance,
environ 15 à 20 grammes entre 25 et 40 ans,
hypertrophiée, elle peut atteindre
100 à 300 grammes voire plus.

Comment se déroule l'examen ?

Le médecin qui vous examinera vous demandera de vous installer dans l'une des positions suivantes :
- sur le dos, en position « gynécologique » ;
- à quatre pattes, en position « genu-pectorale » ;
- allongé sur le côté gauche, les jambes repliées en chien de fusil ;
- en position debout, le buste légèrement penché en avant. Cette technique est pratique pour les hommes âgés, peu alertes et ayant des difficultés à monter sur la table d'examen. Le doigt est introduit dans l'anus et on sent tout de suite le relief de la prostate.

Le médecin utilise un gant en plastique et de la vaseline et introduit son doigt dans l'anus pour évaluer le relief de la prostate. S'il est pratiqué avec « délicatesse », cet examen n'est pas douloureux sauf dans des situations exceptionnelles d'anus rétréci.
C'est un examen incontournable qui permet de se faire

une idée de la taille et de l'état de la prostate. Certains hommes essayent de l'éviter : « Mais Docteur, ma prise de sang pour la prostate est normale ! » Je leur explique alors qu'on peut très bien avoir un cancer de la prostate avec un PSA normal et que seul le toucher rectal permet alors de le diagnostiquer.
À ceux qui me disent : « Mais Docteur, vous pouvez me la regarder avec une échographie sur le ventre comme pour les femmes enceintes ! » Je réponds que cela reviendrait à examiner la prostate du fond d'un couloir, dans l'obscurité avec une mauvaise longue-vue !

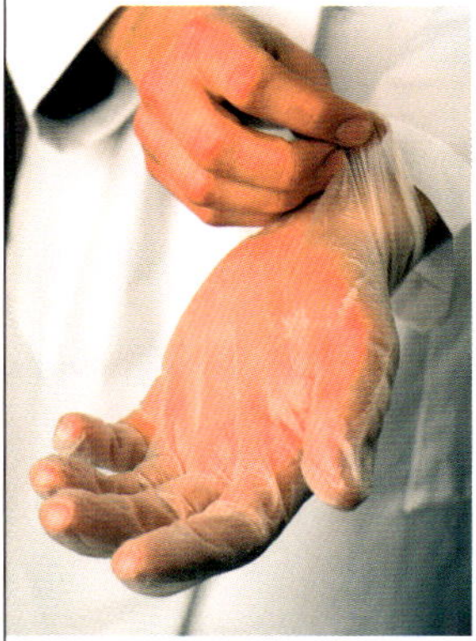

Pourquoi un tel examen ?

Le toucher rectal permet d'apprécier trois paramètres fondamentaux :

- **La taille de la prostate :** les urologues s'expriment souvent en grammes et grâce au toucher rectal, ils pourront vous dire « votre prostate fait environ 30, 50, 100 grammes... ». L'appréciation de la taille sera ensuite affinée par une échographie.
- **La consistance :** c'est un paramètre capital. Si la prostate est hypertrophiée mais reste souple, la tumeur est vraisemblablement bénigne (sous certaines réserves qui seront revues avec le PSA). Une zone dure ou une prostate dure dans son ensemble est en principe cancéreuse.
- **La sensibilité :** une prostate adénomateuse ou cancéreuse n'est pas douloureuse, tout au plus ressent-on une envie désagréable d'uriner lors de la pression exercée par le toucher rectal. En revanche, une prostate infectée (prostatite) est extrêmement douloureuse.

Après 50 ans, un examen chaque année

Le toucher rectal est le mode de dépistage le plus sûr et le meilleur moyen d'examiner la prostate et de déceler une tumeur, adénome ou cancer. Cet examen doit être annuel et systématique après 50 ans.

Pas de fausse pudeur

Le toucher rectal est le seul moyen d'accéder à la prostate et il faut savoir mettre de côté toute « fausse pudeur ». Le toucher rectal n'est pas un examen dégradant pour un homme et il peut permettre de sauver une vie en découvrant un cancer à un stade précoce donc guérissable.

L’échographie

Anodine, elle est souvent réalisée pour une première consultation et permettra d’établir une « première carte d’identité » de la prostate et de l’appareil urinaire qui servira de référence pour d’éventuelles comparaisons ultérieures.

L’échographie de la prostate

L’échographie de la prostate est réalisée grâce à une sonde introduite dans l’anus.
Cet examen n’est en général pas douloureux. Il donne des compléments d’information sur le toucher rectal et y est donc toujours associé. On dit que c’est « l’œil au bout du doigt de l’urologue ».

L’échographie permet de :

- mesurer avec précision le volume de la prostate (en cm^3 ou en grammes). Cela est utile pour interpréter un taux de PSA ou pour choisir une technique chirurgicale avant d’opérer un adénome ;
- détecter des zones « douteuses » pour lesquelles il va falloir effectuer une biopsie *(lire encadré)*.

L’échographie de la prostate en pratique

L’échographie endorectale de la prostate est réalisée pendant la consultation chez l’urologue ou bien chez un médecin radiologue. En position allongée sur le côté, le médecin introduit doucement par l’anus une sonde d'échographie, de la taille d'un doigt. L'introduction de la sonde est facilitée par un gel. Le cliché est obtenu à l'aide d'ultrasons et non pas de rayons X comme pour une radiographie. L’image permet alors d'étudier de très près votre prostate.

L'appareil urinaire sous toutes ses coutures

La vessie doit être pleine au moment de l'examen. L'urologue badigeonne le ventre d'un gel (comme pour les femmes enceintes !) avant de déplacer la sonde d'échographie.

L'image permet au médecin d'apprécier :

- l'état de la vessie : présence de calculs, éventuellement tumeur, aspect général (vessie de lutte) et résidu post-mictionnel ;
- la taille approximative de la prostate ;
- l'état des reins avec une éventuelle dilatation de ses cavités pouvant être secondaire à une hypertrophie de la prostate.

Déroulement d'un examen complet

Le patient doit boire un litre d'eau une heure avant l'examen pour avoir la vessie pleine.

- D'abord sur le dos : examen échographique des deux reins puis de la vessie.
- Puis sur le côté gauche : toucher rectal suivi de l'échographie endorectale.
- Miction dans le débitmètre.
- Nouvelle échographie vésicale afin d'apprécier le résidu post-mictionnel.

Une technique mise au point au début des années 50

En 1953 le Dr John Wild et l'ingénieur John Reid réalisent à Minneapolis la première échographie d'une tumeur cancéreuse du sein. C'est le principe du sonar des sous-marins appliqué au corps humain ! Une sonde émet des ultrasons en direction des organes à observer. Les ondes sont alors différemment réfléchies selon la densité des tissus rencontrés, permettant ainsi de donner une image précise de l'état des divers tissus.

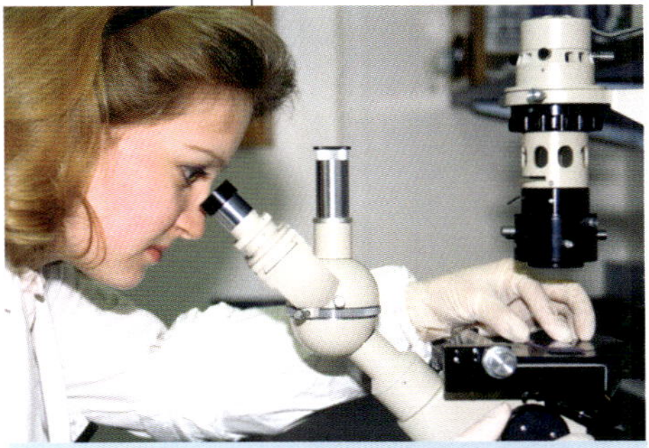

La biopsie : une analyse incontournable

C'est finalement le seul examen qui confirme le diagnostic du cancer. Le plus souvent, il s'agira d'un adénocarcinome. Le laboratoire d'anatomo-pathologie précisera aussi le degré d'agressivité de la tumeur par le « score de Gleason » échelonné de 2 à 10. Plus le chiffre est élevé, plus la tumeur est dangereuse.

Le PSA : l'indice santé de la prostate

Le taux de PSA (*prostate specific antigen*) dans le sang est un paramètre essentiel pour le dépistage et la surveillance des maladies prostatiques.

Le taux normal de PSA varie avec l'âge

Vous avez	Le taux normal doit être (en nanogrammes/millilitre)
40 - 49 ans	< 2,5
50 - 59 ans	< 3,5
60 - 69 ans	< 4,5
70 - 79 ans	< 6,5

Une protéine spécifique

L'antigène prostatique spécifique est une protéine produite par la prostate et présente dans le sang. Elle est spécifique de la prostate, c'est-à-dire qu'elle n'est produite par aucun autre organe. Elle n'est donc présente que chez l'homme.
Cette protéine est dosée dans le sang et il n'est pas nécessaire d'être à jeun au moment de l'analyse.
Le PSA n'est pas un composé toxique pour l'organisme et il n'est pas dangereux en soi. Après 50 ans, avoir un taux de PSA légèrement élevé, sans présenter de trouble par ailleurs ne nécessite aucun traitement. On ne peut pas comparer un taux de PSA élevé à un taux de cholestérol élevé par exemple : ce dernier représente bel et bien un facteur de risque de maladies cardiovasculaires. Pour le PSA, c'est différent. Ce n'est pas le PSA en lui-même qui doit être traité. C'est simplement le signal qui doit vous inciter à consulter votre urologue.

Comment interpréter un taux de PSA ?

Le taux normal varie selon les méthodes de dosages : il est inférieur soit à 2,5 soit à 4 ng/ml. Il augmente spontanément avec l'âge et il est également corrélé au volume de la prostate. Ainsi un PSA inférieur ou égal à 4 ng/ml ne signifie pas forcément que la prostate est normale et un PSA modérément élevé entre 4 et 10 ng/ml ne signifie pas forcément qu'il y a un cancer. Le PSA est spécifique de la prostate et non d'une maladie particulière de la prostate et c'est tout le problème. Pour être interprété correctement, il est donc nécessaire d'associer à ce dosage un toucher rectal et une échographie prostatique. L'urologue, en tenant compte de toutes les données recueillies pourra établir un diagnostic. En cas d'une élévation disproportionnée par rapport au volume de la prostate, il faudra envisager une biopsie. À volume égal, un gramme de cellules cancéreuses de prostate sécrète dix fois plus de PSA qu'un gramme d'adénome prostatique.

Adénome ou cancer ?

D'autres paramètres peuvent aider l'urologue dans son diagnostic.

- **La vélocité du PSA**

Il s'agit de suivre l'évolution du PSA dans le temps. On pratique des dosages à intervalle régulier, tous les trois ou six mois. Le dosage doit toujours être effectué dans le même laboratoire pour pouvoir comparer les résultats. Si le PSA augmente à chaque nouveau dosage, il se peut qu'il y ait un cancer. Il faudra procéder à une biopsie.

- **La densité de PSA**

C'est le taux de PSA rapporté au volume de la prostate évalué par échographie endorectale. Il existe une densité théorique au-dessus de laquelle il y a des risques de cancer. Cette méthode d'interprétation n'est toutefois utilisée qu'au cas par cas.

Ce qui fait monter le PSA

une prostatite
un adénome prostatique
un cancer de la prostate
une infection urinaire
la rétention aiguë d'urines
un toucher rectal
une biopsie prostatique

Doser le PSA libre

Le taux de PSA évoqué jusqu'à présent est le PSA total. Or on sait qu'il existe dans le sang un PSA libre (partie du PSA total qui n'est pas associée à des protéines). En cas de cancer, le taux de PSA libre est plus faible qu'en cas d'adénome de la prostate. Ainsi il devient intéressant de calculer le rapport PSA libre sur PSA total. Si le chiffre obtenu est inférieur à 20 % (ou 15 % selon le laboratoire), cela signifie qu'il y a un risque de cancer. Votre urologue envisagera alors certainement une biopsie.

Calculez votre score de symptômes

Afin d'évaluer votre gêne et le retentissement de vos problèmes urinaires sur votre vie quotidienne, certains urologues vous proposeront de remplir un questionnaire pour calculer votre score international des symptômes de la prostate (IPSS).

Du sperme dans les urines ?

Il peut arriver que se mêle aux urines un liquide blanchâtre à l'aspect laiteux. Il ne s'agit pas de sperme. Il s'agit de sécrétions de petites glandes situées autour de l'urètre (glandes para-urétrales). Ce phénomène appelé écoulement urétral n'est en aucun cas grave ou alarmant.

Pour chaque question, entourez la bonne réponse et faites le total de vos points pour les deux tableaux. Le résultat s'exprime de la façon suivante par exemple : S15Q5.
Le premier chiffre donne une indication sur l'intensité des symptômes (de 0 à 35), le second, sur la gêne ressentie (de 1 à 6).

Comment l'urologue utilise-t-il ce score ?

Première consultation, votre score est S15Q5. Si après traitement, il devient S3Q1, c'est que le médicament est très efficace, on peut poursuivre le traitement. S'il devient S13Q4, le médicament n'est pas actif ; une autre méthode thérapeutique doit être envisagée.

Les troubles urinaires peuvent-ils être d'origine psychologique ?

Le stress et l'anxiété peuvent entraîner des envies d'uriner fréquentes. Souvent, les envies fréquentes sont accompagnées d'un jet urinaire faible dû à une mauvaise ouverture du col vésical. L'insomnie peut aussi être responsable de mictions nocturnes fréquentes.

Score IPSS*: score symptomatique de la prostate

1 - Au cours du dernier mois écoulé, avec quelle fréquence avez-vous eu la sensation que votre vessie n'était pas complètement vidée après avoir uriné ?

Jamais	Environ 1 fois sur 5	Environ 1 fois sur 3	Environ 1 fois sur 2	Environ 2 fois sur 3	Presque toujours
0	1	2	3	4	5

2 - Au cours du dernier mois écoulé, avec quelle fréquence avez-vous eu besoin d'uriner à nouveau moins de 2 heures après avoir fini d'uriner ?

Jamais	Environ 1 fois sur 5	Environ 1 fois sur 3	Environ 1 fois sur 2	Environ 2 fois sur 3	Presque toujours
0	1	2	3	4	5

3 - Au cours du dernier mois écoulé, avec quelle fréquence avez-vous eu une interruption du jet d'urine c'est-à-dire démarrage du jet puis arrêt, puis redémarrage ?

Jamais	Environ 1 fois sur 5	Environ 1 fois sur 3	Environ 1 fois sur 2	Environ 2 fois sur 3	Presque toujours
0	1	2	3	4	5

4 - Au cours du dernier mois écoulé, après en avoir ressenti le besoin, avec quelle fréquence avez-vous eu des difficultés à retenir votre envie d'uriner ?

Jamais	Environ 1 fois sur 5	Environ 1 fois sur 3	Environ 1 fois sur 2	Environ 2 fois sur 3	Presque toujours
0	1	2	3	4	5

5 - Au cours du dernier mois écoulé, avec quelle fréquence avez-vous eu une diminution de la taille ou de la force du jet d'urine ?

Jamais	Environ 1 fois sur 5	Environ 1 fois sur 3	Environ 1 fois sur 2	Environ 2 fois sur 3	Presque toujours
0	1	2	3	4	5

6 - Au cours du dernier mois écoulé, avec quelle fréquence avez-vous dû forcer ou pousser pour commencer d'uriner ?

Jamais	Environ 1 fois sur 5	Environ 1 fois sur 3	Environ 1 fois sur 2	Environ 2 fois sur 3	Presque toujours
0	1	2	3	4	5

7 - Au cours du dernier mois écoulé, combien de fois par nuit en moyenne vous êtes-vous levé pour uriner (entre le moment de votre coucher le soir et celui de votre lever définitif du matin) ?

Jamais	Environ 1 fois sur 5	Environ 1 fois sur 3	Environ 1 fois sur 2	Environ 2 fois sur 3	Presque toujours
0	1	2	3	4	5

▶ Score symptomatique total **S =**

Qualité de vie liée aux symptômes urinaires

Vous venez d'expliquer comment vous urinez. Si vous deviez vivre le restant de votre vie de cette manière, diriez-vous que vous en seriez :

Très satisfait	Satisfait	Plutôt Satisfait	Partagé	Plutôt ennuyé	Ennuyé	Très ennuyé
0	1	2	3	4	5	6

▶ Qualité de vie **Q =**

LES MALADIES DE LA PROSTATE

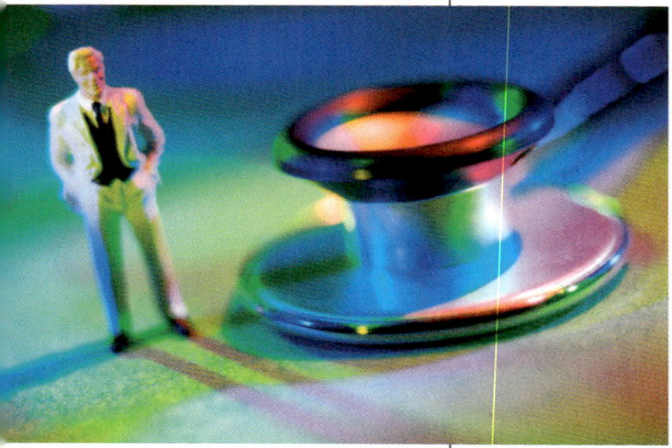

L'hypertrophie bénigne de la prostate

Un homme de 50 ans sur cinq souffre de la prostate. Mais que se passe-t-il donc à cet âge-là ?

Après 50 ans, il est très fréquent que la prostate se mette à grossir : les cellules se multiplient et forment une tumeur bénigne appelée adénome : c'est l'hypertrophie bénigne de la prostate (HBP). L'HBP se développe dans la prostate centrale.

Cette hypertrophie porte sur l'ensemble des trois tissus prostatiques : glandulaire (adénome), fibreux (fibrome) et musculaire (myome) réalisant ainsi un « adénofibromyome ». On retrouve l'équivalent avec les fibromes de l'utérus chez la femme. L'HBP n'est pas cancéreuse et ne dégénère pas en cancer. Néanmoins, il est possible de trouver à l'intérieur d'un adénome prostatique des cellules cancéreuses. Les deux maladies sont alors associées, mais ce n'est en aucun cas l'adénome qui se transforme en cancer.

Les Occidentaux plus touchés que les Asiatiques

Dans les pays occidentaux, l'HBP se développe chez 10 % des hommes à partir de 30 ans, elle touche 50 % d'entre eux à partir de 50 ans et atteint pratiquement la totalité des hommes de 80 ans et plus. L'opération de l'HBP en France est la deuxième opération la plus fréquente après l'opération de la cataracte.

À l'inverse, c'est une maladie rare dans les pays asiatiques.

Le rôle des hormones... encore mystérieux

Quelles sont les causes de cette maladie ? Difficile de le savoir exactement. Le rôle des hormones masculines (androgènes) est indiscutable puisque l'HBP n'existe pas chez les hommes castrés avant l'âge de la puberté et on peut la faire régresser après castration. À quel niveau interviennent les hormones androgènes ? Quel est le processus de départ ? Autant de questions qui sont toujours sans réponse à l'heure actuelle. Les chercheurs sont cependant sur plusieurs pistes.

On trouve à l'intérieur des cellules de l'HBP des concentrations élevées de dihydrotestostérone (DHT) provenant de la transformation de la testostérone sous l'influence d'une enzyme : la 5-alpha-réductase. La DHT favoriserait, à partir d'un certain âge, le développement cellulaire de manière excessive, conduisant à l'hypertrophie de la glande.

D'autres études mettent en cause les hormones femelles (estrogènes). Mais la seule hypothèse hormonale n'explique pas tout.

Les facteurs de croissance

Liés aux hormones androgènes (mâles), les « facteurs de croissance » appelés IGF (*insulin-like growth factors*) semblent également jouer un rôle essentiel. Ils sont sécrétés par certaines cellules de la prostate et agissent notamment sur la multiplication, la différenciation et la survie des cellules. Plusieurs sortes de facteurs de croissance existent mais on ignore les raisons pour lesquelles ils se dérégulent chez l'homme à partir d'un certain âge.

Existe-t-il un lien avec l'activité sexuelle ?

Contrairement à ce que l'on croit parfois, le gonflement de la prostate n'est en aucun cas lié à la fréquence des rapports sexuels. Au fil des siècles, les troubles de la prostate furent tantôt associés à une vie sexuelle dissolue (en lien avec les maladies vénériennes) tantôt à l'abstinence qui provoquait soi-disant un « engorgement ». Ce ne sont que des croyances.

Comment la maladie évolue

Une tumeur bénigne de la prostate peut évoluer graduellement pendant de nombreuses années.

Une prostate de plus en plus grosse

L'hypertrophie de la prostate d'abord microscopique va progressivement devenir macroscopique c'est-à-dire palpable au toucher rectal. La taille de l'HBP augmente régulièrement au fil du temps et peut doubler de volume sur une dizaine d'années. Il est important de noter qu'il n'y a pas de lien direct entre la taille de la prostate et la présence voire l'intensité des troubles urinaires. En d'autres termes, ce n'est pas parce que votre prostate grossit que vous aurez forcément un jour des problèmes pour uriner.

Tout le monde n'est pas gêné

L'augmentation du volume de la prostate n'entraîne pas toujours une gêne. Selon une étude américaine, avant 60 ans, un homme sur deux souffrant d'HBP se déclare handicapé par ce trouble : 14 % des quadragénaires et 24 % des quinquagénaires. Après 60 ans, 43 % des hommes se disent gênés par les symptômes.

Surveiller n'est pas traiter

On ne traite que les HBP symptomatiques. En effet pourquoi traiter quelqu'un qui ne ressent aucune gêne particulière ? Il arrive cependant que certains hommes demandent un traitement parce qu'ils acceptent mal de vieillir ou peut-être aussi, parce qu'ils ont peur d'être bloqués un jour. Les traitements n'enrayent pas l'évolution de l'adénome. Les médicaments ne sont là que pour soulager les symptômes, tout comme la chirurgie.

Bon nombre d'HBP ne s'accompagnent d'aucun symptôme. On peut avoir une prostate légèrement augmentée de volume, d'environ 20 à 30 grammes, avec des troubles intenses et invalidants et à l'inverse une très grosse prostate d'environ 300 grammes avec des troubles minimes.

Évolution des troubles urinaires

Les symptômes fluctuent, avec des périodes d'aggravation ou d'amélioration spontanée ; mais globalement, les troubles tendent à s'aggraver le plus souvent avec les années.
Les troubles mictionnels varient avec l'alimentation, les boissons, l'activité physique et les saisons. Ils sont plus marqués en automne et en hiver.

L'HBP : pas vraiment une maladie

L'adénome prostatique est une conséquence de l'âge. Tant que la prostate, même grosse, reste de consistance souple, l'HBP ne nécessite qu'une simple surveillance (*lire encadré*). Un bilan sera proposé tous les 2 ans entre 50 et 60 ans puis tous les ans au-delà de 60 ans. Ces examens permettent de suivre l'évolution de l'adénome et de détecter l'apparition insidieuse de complications. Ils permettront aussi de dépister un cancer prostatique débutant. Cette surveillance pourra aussi être conseillée à des hommes dont les symptômes sont légers et sans répercussion particulière sur la vie sociale. Dans cette situation, on peut très bien simplement « faire avec » en respectant quelques règles d'hygiène de vie. Cela ne constitue pas un traitement en soi ; il s'agit simplement de vivre en harmonie avec ses petits troubles urinaires.

L'Asie épargnée

On estime à 20 millions le nombre d'Européens qui présentent une hypertrophie bénigne de la prostate. Mais des autopsies pratiquées en Chine au cours d'une période de 41 ans ont montré que l'HBP affecte 6,6 % des Chinois de souche, et 47 % des autres groupes ethniques. Cependant, les Chinois qui émigrent dans les pays occidentaux ne sont plus protégés, ce qui suggère que des facteurs environnementaux et diététiques interviennent.

Les facteurs de risque de l'HBP

Des études épidémiologiques ont permis d'établir un lien entre certaines habitudes alimentaires et cette affection de la prostate. Voyons concrètement quelles sont les conclusions à tirer ?

Les vertus de la frugalité

C'est en suivant le régime alimentaire de plusieurs milliers d'hommes pendant des années que les chercheurs peuvent identifier les régimes qui favorisent ou à l'inverse protègent de certaines maladies. Plusieurs études prospectives de ce type ont montré que les hommes qui ont les apports caloriques les plus élevés souffrent plus fréquemment de troubles bénins de la prostate que les « petits mangeurs ». La dernière en date, publiée en avril 2002 par l'équipe du Pr Walter Willett (université Harvard, Boston, Massachusetts), a suivi pendant 8 ans 33 344 hommes américains âgés de 40 à 75 ans. Les hommes qui mangent en moyenne l'équivalent de 2 700 calories (kcal) ont 30 % de risque en plus de souffrir d'hypertrophie bénigne de la prostate que ceux qui ne consomment qu'environ 1 200 calories par jour. Mais attention, l'alcool n'est pas comptabilisé ! Le risque de voir apparaître des troubles urinaires liés à des dysfonctionnements de la prostate est lui augmenté de 43 % chez les gros mangeurs.

Mesurez… votre santé !

L'indice de masse corporelle (IMC) s'obtient en divisant le poids (kg) par la taille au carré (m²). Vous êtes mince si votre IMC se situe entre 18,5 et 24. L'IMC évolue bien sûr avec l'âge, mais au-delà de 25, on considère que la personne est en surpoids, obèse si l'IMC est supérieur à 30. À vos calculettes !

Certains aliments majorent-ils le risque d'HBP ? Les résultats disponibles aujourd'hui ne permettent pas de trancher.

Serrez-vous la ceinture !

Dans une étude publiée en 1994 dans l'*American Journal of Epidemiology*, des chercheurs de l'université Harvard ont montré que les hommes qui ont un ventre proéminent ont plus de risque de souffrir de troubles de la prostate que les autres. Entre 1987 et 1992, ils ont suivi 25 892 hommes âgés de 40 à 75 ans. Après les avoir pesés et mesurés (taille et surtout tour de taille), les résultats montrent que la graisse abdominale représente un véritable facteur de risque. Les hommes qui ont un tour de taille supérieur à 109 cm ont près de deux fois et demi plus de risque de souffrir d'hypertrophie bénigne de la prostate que ceux dont le tour de taille est inférieur à 89 cm.

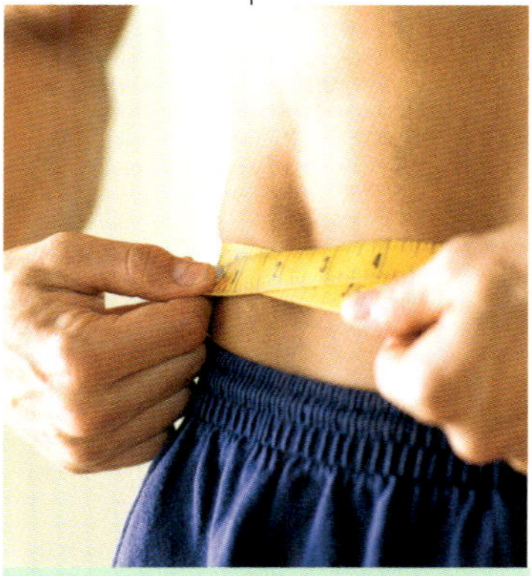

La taille, c'est vital

Autre indicateur de santé, le tour de taille. Une étude américaine portant sur 9 000 personnes en bonne santé âgées de 20 à 90 ans a permis d'évaluer leur risque d'infarctus en fonction de leur tour de taille. Un tour de taille supérieur à 96 cm chez les hommes et à 86 cm chez les femmes est associé à un risque cardiovasculaire plus élevé.

Combien de calories par jour ?

Hommes (70 kg)	Inactif	Activités habituelles	Pratique sportive soutenue	Activité physique très intense
20 à 39 ans	2 400	2 700	3 080	3 400
40 à 59 ans	2 250	2 500	2 900	3 400
60 ans et plus	environ 36 calories par kg de poids corporel			

Le cancer de la prostate

C'est le cancer de l'homme le plus fréquent après 50 ans et il est la deuxième cause de mortalité par cancer chez l'homme après celui du poumon. En 1995, on rapportait 15 000 nouveaux cas et plus de 9 000 décès.

Un cancer occidental

Le taux de cancer de la prostate est sensiblement le même dans la majorité des pays industrialisés où l'espérance de vie est importante. Ce cancer touche plus particulièrement les hommes âgés (73 ans d'âge moyen pour des extrêmes allant de 45 à 85 ans) et avec le vieillissement croissant de la population lié aux progrès de la médecine, son taux va vraisemblablement continuer d'augmenter.

Il affecte :

– 30 % des hommes entre 50 et 60 ans ;

– 40 % au-delà de 70 ans ;

– 70 % au-dessus de 80 ans.

Schématiquement, les hommes jeunes sont traités et ceux de plus de 80 ans sont simplement surveillés étroitement car ils peuvent vivre pendant de nombreuses années avec un cancer qui n'évoluera pas ou peu.

La situation en France

Actuellement, en France, 25 000 à 30 000 nouveaux cas sont diagnostiqués chaque année, alors que seulement 10 000 l'étaient il y a une quinzaine d'années. Cette augmentation est due en premier lieu à l'accroissement de la population, à l'augmentation de l'espérance de vie mais aussi à un meilleur dépistage. Si en 1982, le

Décès par cancer de la prostate

En France, le nombre de décès par cancer de la prostate a augmenté de 29 % en 13 ans :

1982 = 7 172
1984 = 7 484
1987 = 8 444
1990 = 9 211
1995 = 9 263

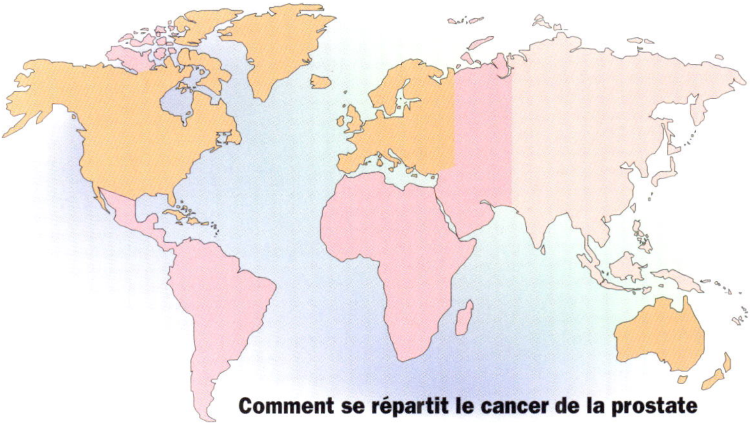

Comment se répartit le cancer de la prostate

Incidence forte | Incidence moyenne | Incidence faible

nombre de cancers à un stade avancé et non curables était nettement prédominant sur les cancers localisés curables, on peut dire que, maintenant, la tendance s'est inversée grâce au dépistage précoce.

L'hérédité est déterminante

Le rôle de l'hérédité est prépondérant. Le risque de développer un cancer prostatique est multiplié par deux si un père, un oncle ou un frère est atteint. Ce risque est multiplié par 11 si trois parents sont atteints. Ces formes familiales s'expriment généralement vers 40 ans et justifient un dépistage précoce chez les sujets à risque. La localisation des gènes prédisposant au cancer de la prostate n'a pas encore été clairement établie.

Un cancer hormono-dépendant

Plus on vieillit, plus le risque de cancer prostatique augmente. L'absence d'hormones masculines protège du cancer puisqu'il ne survient pas chez les hommes castrés. À l'inverse, tout traitement à base d'hormones masculines est susceptible de favoriser le développement d'un cancer de la prostate préexistant.

Ethnies et environnement

Le cancer est plus fréquent chez les Occidentaux que chez les Asiatiques. Mais, les Asiatiques partant vivre aux États-Unis voient leur risque de cancer prostatique multiplié par 5, ce qui démontre que l'alimentation doit jouer un rôle.

Les Noirs américains connaissent quant à eux les taux de cancer de la prostate les plus élevés du monde, laissant supposer un facteur ethnique prédisposant.

Cancer : le rôle de l'alimentation

Certaines pratiques alimentaires sont aujourd'hui considérées comme des pratiques à risque. Il ne s'agit pas bien entendu de dire qu'il est « mauvais » de manger certains produits, mais de montrer que la consommation excessive de certains aliments peut jouer un rôle dans l'apparition de la maladie.

Évaluer l'efficacité d'un traitement ou le rôle d'un aliment n'est pas chose aisée

En effet plusieurs difficultés se posent dans la réalisation des études :
- établir des groupes homogènes d'individus et suffisamment importants pour être statistiquement significatifs.
- la durée d'évolution du cancer prostatique s'étendant sur plusieurs années, la survie et donc l'influence d'un aliment ou d'un traitement quel qu'il soit ne pourra s'évaluer qu'au bout de 5 ans minimum voire 10 ans, période suffisamment longue pour que d'autres éléments interfèrent. Ainsi, il est parfois difficile, en reprenant de grandes études statistiques, de dire si la chirurgie entraîne une meilleure survie à long terme que la radiothérapie et cette difficulté est encore plus grande quant au rôle de l'alimentation. Il n'en reste pas moins que les conseils qui peuvent être donnés dans ce domaine permettent d'avoir une meilleure hygiène de vie et les quelques règles alimentaires qui s'en dégagent rappellent l'alimentation des Asiatiques chez qui l'incidence du cancer prostatique est nettement plus basse.

Trop de calories

Comme pour l'hypertrophie de la prostate, les études montrent que les hommes qui sont atteints de cancer de la prostate sont aussi ceux qui ont une alimentation trop riche en calories. Un apport excessif en énergie met l'organisme en état d'excitation. De nombreuses fonctions ainsi stimulées seraient impliquées dans les mécanismes de développement du cancer, notamment au niveau de la prolifération cellulaire.

Les graisses

Les lipides constituent une part importante de l'alimentation et devraient idéalement représenter 30 à 35 % des apports énergétiques quotidiens. Dans le cas du cancer de la prostate, il semble bien qu'un régime alimentaire particulièrement gras puisse favoriser l'apparition de la maladie. Parmi les différents types de graisses, ce sont surtout les graisses d'origine animale qui sont pointées du doigt par les études. C'est en comparant un groupe de malades à un groupe d'hommes en bonne santé que les chercheurs ont à plusieurs reprises constaté que ceux qui mangeaient le plus de graisses d'origine animale avaient un risque de cancer plus élevé que les autres.

La viande rouge

L'étude américaine des Professionnels de Santé qui suit 51 529 hommes depuis 1986 a permis de montrer que les hommes qui consommaient le plus de viande rouge avaient deux fois plus de risque de cancer de la prostate que les hommes qui en consommaient le moins. Les charcuteries sont également associées à cette classe d'aliment à risque.

Le lait

À ce jour, 12 études prospectives sur les facteurs de risque de la prostate ont montré que les plus grands consommateurs de produits laitiers ont de 1,5 à 5,5 fois plus de risque d'avoir un cancer de la prostate que ceux qui délaissent ce genre de produits. D'ailleurs, les pays les plus gros consommateurs de produits laitiers, comme les États-Unis ou encore la Finlande et la Suède connaissent aussi les plus forts taux de cancer de la prostate. Il semble que cet effet délétère du lait soit imputable au calcium, qui, en réduisant le niveau d'une vitamine anticancer (vitamine D), favoriserait le développement d'une tumeur cancéreuse dans la prostate. Une étude publiée en 2001 a montré que les hommes qui ont un apport de calcium laitier supérieur à 600 mg par jour ont 32 % de risque en plus d'avoir un cancer de la prostate que ceux qui en consomment moins de 150 mg par jour.

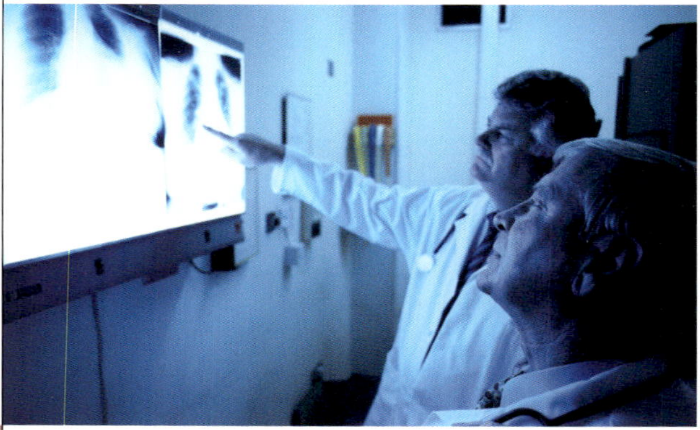

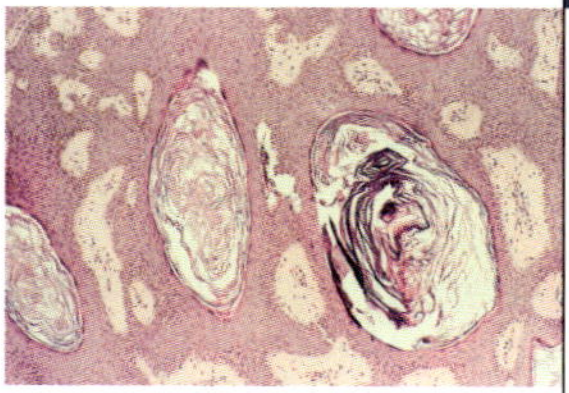

La biopsie prostatique est la clé du diagnostic du cancer. C'est une analyse au microscope d'un prélèvement de la prostate.

La biologie du cancer

Maladie chronique, le cancer évolue lentement au fil des ans.

Un mal qui s'étend

Le cancer débute à un stade microscopique, « cellulaire ». Les cellules se reproduisent jusqu'à former un noyau qui deviendra palpable au toucher rectal. **Ce noyau va ensuite grossir et s'étendre** dans la prostate. À ce stade, il reste localisé à la glande prostatique. Il va ensuite franchir ses limites et s'étendre de plus en plus, d'abord en perforant la capsule, puis en envahissant les vésicules séminales, les sphincters et la vessie. Par les vaisseaux lymphatiques, il ira se localiser dans les ganglions du bassin puis de tout l'organisme. Les cellules cancéreuses peuvent aussi s'échapper par les vaisseaux sanguins pour aller se fixer sur d'autres organes, essentiellement les os, mais aussi, les poumons, le cerveau, le foie.

Le cancer a donc plusieurs stades évolutifs :

- le stade localisé où il est encore guérissable ;
- le stade localement avancé où il a franchi les limites de la prostate ;
- le stade évolué avec des métastases ganglionnaires ou osseuses la plupart du temps *(lire encadré)*.

Agir le plus tôt possible

Si on veut pouvoir guérir un cancer de la prostate, **il faut qu'il soit diagnostiqué tôt** quand il est encore peu développé. On sait que si les cellules cancéreuses ont déjà envahi la totalité ou la quasi-totalité de la glande, le risque de métastases est déjà grand. De la même façon que le cancer naît à un niveau infiniment petit, la métastase débute de façon invisible. Ainsi un gros noyau cancéreux localisé à la prostate peut déjà avoir envoyé des cellules cancéreuses dans l'organisme. Cela explique qu'une fois la prostate enlevée, des métastases peuvent quand même se développer dans les années qui suivent.

Pour guérir un cancer localisé de la prostate, il faut qu'il soit petit, donc palpable au toucher rectal sous la forme d'un petit noyau, ou même tellement petit qu'il ne sera pas palpable et ne se traduira donc que par une légère élévation du PSA.

De la même façon, plus le chiffre de PSA est élevé, plus il y a de cellules cancéreuses en développement. Si on veut se donner le maximum de chances de guérison, il est préférable que ce PSA n'ait pas encore dépassé le chiffre de 10 ng/ml environ.

Tout cela montre clairement une chose : si on veut prendre le cancer prostatique à un stade suffisamment précoce, il faudra qu'il soit de petite taille, à tel point qu'il n'existera aucun trouble mictionnel, que le PSA ne sera pas trop augmenté : bref, il s'agira d'hommes en bonne santé apparente !!!

Qu'est-ce qu'une métastase ?

Une métastase est une cellule cancéreuse issue d'une tumeur primitive depuis un organe (ou tissu) qui migre jusqu'à un autre organe (ou tissu) situé à distance, entraînant la reproduction d'une lésion analogue. La diffusion métastatique est un phénomène caractéristique de l'évolution d'un cancer et de la malignité. Cette dissémination correspond à une cascade d'événements : invasion des tissus autour de la tumeur, pénétration des vaisseaux sanguins ou lymphatiques, migration à distance, puis arrêt et formation d'une nouvelle colonie, avec échappement aux mécanismes de défense de l'organisme.

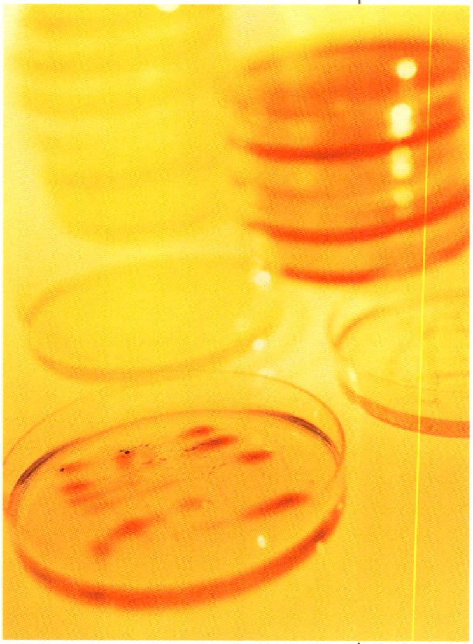

Sur la piste du cancer

Au stade précoce du cancer, ce sont le toucher rectal et le PSA qui donnent généralement l'alerte.

Un mal sournois

Au début, il n'y a pas de troubles urinaires. Par la suite, des troubles mictionnels peuvent survenir, identiques à ceux de l'adénome. Dans les stades évolués, les compressions exercées par les métastases ganglionnaires peuvent donner des œdèmes, des phlébites et les métastases osseuses donneront des douleurs osseuses parfois difficiles à calmer par les médicaments antalgiques.

Les signes d'alerte

Les résultats du toucher rectal et le niveau du PSA amènent à faire des biopsies prostatiques, seul moyen de confirmer ou d'infirmer la maladie. **Le plus souvent, il s'agira d'un adénocarcinome.** Le laboratoire d'anatomo-pathologie précisera aussi le degré d'agressivité de la tumeur.

Meilleure prévention : le dépistage précoce

Pour des raisons socio-économiques, le dépistage de masse n'est pas instauré : il n'y a pas d'analyses systématiques chez tous les hommes après 50 ans. Le dépistage précoce n'en demeure pas moins possible sur initiative personnelle ou sur proposition du médecin. La prévention du cancer passe avant tout par un dialogue éclairé informant le patient de tout l'intérêt du dépistage.

Chez les hommes ayant déjà une tumeur bénigne (adénome), on peut découvrir un cancer lors du toucher rectal ; on sent l'adénome, mais on perçoit, en plus, un petit noyau dur. Un autre signe : le taux de PSA est disproportionné par rapport à la taille de l'adénome. Enfin, un adénome opéré est systématiquement analysé. Des **douleurs osseuses** tenaces, pouvant réveiller la nuit, sont le signe de la présence de métastases. Le toucher rectal, le PSA et les biopsies prostatiques permettent de savoir si oui ou non ces métastases proviennent de la prostate.

Une fois le diagnostic de cancer posé, il est parfois nécessaire de pratiquer une urographie intraveineuse, un scanner ou une IRM, une scintigraphie osseuse *(lire page 87)* afin de déterminer le degré d'extension du cancer. Le traitement ne sera pas le même si le cancer est localisé à la prostate ou s'il est plus étendu.

Réagir face au cancer

Quand, au terme de tous ces examens, le cancer apparaît strictement localisé à la prostate, la guérison est possible et plusieurs traitements sont envisageables parmi lesquels la chirurgie ou la radiothérapie.

Lorsque le cancer a dépassé les limites de la prostate, les traitements consistent avant tout à ralentir l'évolution de la maladie (traitement hormonal) et à calmer les douleurs.

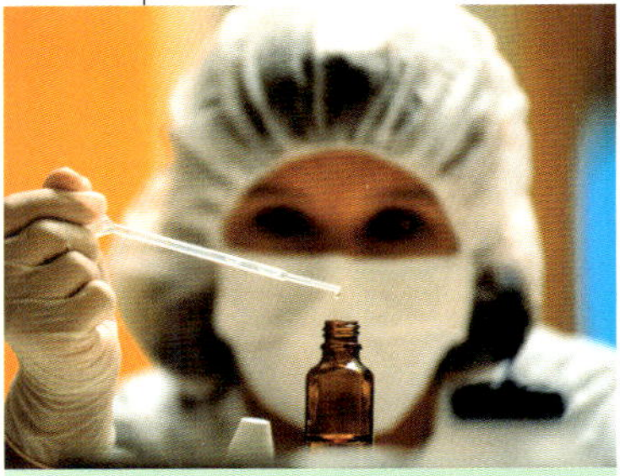

Cancer sous surveillance

Certains cancers n'évolueront jamais mais il est difficile de savoir lesquels. En fonction de l'âge du patient, du nombre de biopsies atteintes, du score de Gleason et de l'examen rectal, on préfère parfois ne pas intervenir et on décide de surveiller simplement (toucher rectal + dosage du PSA), sans que de nouvelles biopsies soient nécessaires.

Cette pratique menée sur plusieurs années dans les pays scandinaves a permis de montrer qu'effectivement certains cancers de prostate n'évoluaient pas.

La prostatite

C'est une infection de la prostate qui n'a rien à voir avec une tumeur bénigne ou un cancer. Elle touche plus souvent les hommes jeunes ou bien ayant un adénome prostatique.

Des signes qui ne trompent pas

La prostatite aiguë est due à une bactérie, soit de la famille des bactéries urinaires (*Escherichia Coli* le plus souvent), soit à des bactéries sexuellement transmissibles. La prostatite aiguë commence comme une grippe, avec des douleurs musculaires et de la fièvre, entre 38 °C et 40 °C. Les signes de l'infection urinaire apparaissent ensuite avec des brûlures, des envies fréquentes d'uriner et des mictions de petite quantité. On peut se lever jusqu'à 10 ou 15 fois par nuit pour faire seulement quelques gouttes.
Le toucher rectal déclenche une douleur vive au niveau de la prostate traduisant l'infection de la glande. Il faut faire une analyse d'urine qui permettra d'identifier la bactérie en cause mais on n'attendra pas le résultat pour débuter le traitement. Le médecin prescrit généralement un anti-inflammatoire actif sur la douleur et un antibiotique qui devra être pris pendant un minimum de

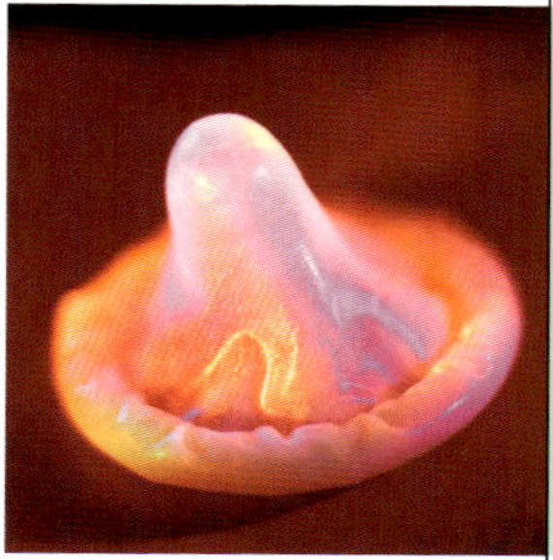

Précautions en cas de germe de maladie sexuellement transmissible

Si les analyses montrent qu'il y a des germes de maladie sexuellement transmissible, la partenaire doit aussi être traitée même en l'absence de symptôme. Elle pourrait en effet contaminer à nouveau son conjoint par la suite. Les rapports sexuels doivent être protégés (usage de préservatifs) pendant la durée du traitement.

trois semaines. Il est important de respecter la durée du traitement même si tout semble s'améliorer au bout de quelques jours car sinon la récidive est quasiment inévitable. Les antibiotiques doivent bien pénétrer la prostate et détruire les germes « cachés ». La rechute, même plusieurs années après reste néanmoins toujours possible.

Les prostatites chroniques

Elles peuvent faire suite à des épisodes répétés de prostatites aiguës mais peuvent s'installer aussi d'emblée sans qu'on n'en comprenne très bien le mécanisme déclenchant. Leur diagnostic est souvent difficile car les symptômes sont flous : douleurs, parfois limitées à une simple gêne ou pesanteur chronique dans la région sus-pubienne, la région périnéale, les testicules avec par intermittence des douleurs ou des brûlures. La prostate peut être sensible au toucher rectal et l'échographie peut retrouver des calcifications prostatiques. Les analyses (analyses d'urine, prélèvement urétral, spermoculture) ne mettent pas en évidence systématiquement la présence d'une bactérie. Les traitements consistent en des cures prolongées d'antibiotiques qui ne sont pas toujours d'une grande efficacité. D'autres alternatives comme les cures thermales ou l'acupuncture ou encore certains compléments alimentaires (pollen, quercétine) méritent cependant d'être essayées.

Dans certains cas, la gêne est telle qu'elle gâche littéralement la vie des hommes atteints. Certains choisissent en dépit des inconvénients, de se faire retirer totalement la prostate.

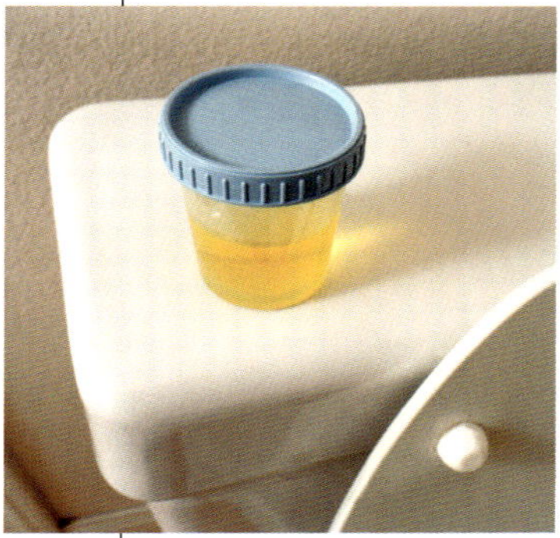

Les abcès

Les abcès prostatiques peuvent se développer au cours d'une prostatite aiguë. Ils sont diagnostiqués grâce à une échographie. Les antibiotiques peuvent suffire à les traiter mais parfois une ponction sous échographie endorectale ou une résection endoscopique est nécessaire pour évacuer l'abcès.

Le taux de PSA augmente

Environ 5 à 10 % des hommes souffrent de prostatite en France. Il faut savoir que cette infection de la prostate peut aussi faire monter le taux de PSA. Il est parfois impossible de déterminer la cause précise de la prostatite.

Bien manger pour une prostate en bonne santé

Certains aliments consommés en quantité semblent bel et bien protéger les hommes des troubles de la prostate.

Préférez-la cuite !

Le lycopène de la tomate est d'autant mieux absorbé par le corps que la tomate est cuite et accompagnée d'un corps gras. En effet la cuisson libère les pigments de la tomate, et comme le lycopène est liposoluble, un corps gras facilitera son absorption.

Grande gagnante : la tomate

C'est l'aliment anti-prostatique par excellence. Les grands consommateurs de tomates, notamment de sauces tomate, diminuent leur risque de cancer de la prostate. D'après l'étude américaine des Professionnels de Santé, les hommes qui consomment de la sauce tomate, des pizzas 2 à 4 fois par semaine diminuent de 35 % leur risque de cancer de la prostate. Cet effet bénéfique de la tomate est attribué au lycopène, un pigment de la famille des caroténoïdes qui sont de puissants antioxydants naturels.

Le lycopène agirait également favorablement sur les cancers déclarés. Des chercheurs ont donné pendant trois semaines à 26 patients cancéreux soit 30 mg de lycopène par jour, soit un placebo. Première constatation : les taux de PSA ont diminué dans le groupe qui prenait le lycopène. Toutes ces personnes ont ensuite été opérées, les tumeurs prélevées et analysées. Deuxième constatation : les tumeurs des personnes ayant reçu le supplément de lycopène montraient des signes de régression. Une étude similaire a été conduite avec de la sauce tomate et a donné des résultats identiques.

Les bienfaits d'une boisson… chinoise

Décidément, l'Asie apparaît comme une terre riche en aliments santé ! Les propriétés antioxydantes du thé vert, boisson la plus répandue en Chine donnent à ce pays l'incidence du cancer de la prostate la plus faible du monde. Les substances antioxydantes du thé vert, les catéchines, permettent de bloquer le développement des tumeurs. Des études conduites sur des souris ayant un cancer de la prostate ont montré que l'équivalent de 6 tasses de thé quotidiennes permettait de stopper le développement des cellules cancéreuses. Le traitement a également permis d'allonger leur durée de vie par rapport aux autres souris malades.
Les études chez l'homme sont encore rares mais la consommation quotidienne de thé vert pourrait être un moyen de prévention intéressant. Et si facile à mettre en œuvre ! Alors ne vous en privez pas, buvez !

Plus de poisson, moins de cancer

Une étude suédoise publiée en juin 2001 dans la prestigieuse revue médicale américaine *The Lancet* a suivi 6 272 hommes pendant 30 ans. Ceux qui consomment régulièrement du poisson gras (maquereau, sardine, thon, saumon) ont jusqu'à 2 fois moins de cancers de la prostate que ceux qui en mangent peu. Les graisses de ces poissons, des acides gras de la famille oméga-3, ont des propriétés anti-inflammatoires et antitumorales. Mais les noix, les légumes verts et les huiles végétales de soja et de colza en sont également riches.

Encore des oméga-3 avec les graines de lin

Les graines de lin feraient baisser, par l'intermédiaire de leurs acides gras polyinsaturés (oméga-3), les taux sanguins de testostérone. Dans le cadre d'une étude pilote américaine (publiée en juillet 2001 dans *Urology*) 25 volontaires atteints de cancer ont ingéré quotidiennement 30 grammes de graines de lin, un mois avant leur opération de pair avec un régime pauvre en graisse. L'analyse des tumeurs montre un ralentissement de la prolifération des cellules cancéreuses, ainsi qu'une augmentation de l'apoptose (mort des cellules anormales) par rapport aux autres malades.

Les promesses du soja

Le soja renferme des substances -les isoflavones- qui une fois ingérées miment les estrogènes. On les appelle phyto-estrogènes. D'après certains travaux, ces molécules pourraient jouer un rôle dans la santé de la prostate.

Pourquoi a-t-on pensé au soja ?

L'épidémiologie a montré qu'un Chinois de Shanghai a 10 fois moins de chances de développer un cancer de la prostate qu'un Américain de San Francisco ou qu'un Français à Lille.

Les chercheurs ont essayé de trouver ce qui, dans le mode de vie des Asiatiques, pouvait expliquer cet avantage. Ils ont remarqué également que lorsque les Asiatiques migrent aux États-Unis, en adoptant le mode de vie occidental, le cancer de la prostate est 15 à 20 fois plus fréquent que dans leur pays d'origine. Et les données vont dans le même sens pour l'hypertrophie bénigne de la prostate.

Les chercheurs en ont déduit que cette différence provenait certainement de l'alimentation des Asiatiques et en particulier de leur grande consommation de **soja** qui est un aliment très riche en phyto-estrogènes.

Le soja : noble nourriture

Le plus ancien livre de la pharmacopée chinoise, le *Shen Nong Ben Cao*, parle déjà du soja vers 2700 avant J.-C. Le tofu fabriqué à partir du soja est depuis 4 millénaires à la base de la nourriture des Chinois. Il a été introduit au Japon et en Corée par des moines bouddhistes entre les IIe et VIIe siècles. À la cour de l'empereur chinois, le tofu était reconnu comme une noble nourriture.

Dans les pays asiatiques, le soja est aujourd'hui une base de l'alimentation : les protéines du soja constituent 20 à 60 % des protéines totales consommées.

Le soja est transformé en lait de soja et en tofu, mais également en soja fermenté, sous forme de miso, tempeh, sauce soja,... Le soja fermenté contient de nombreuses isoflavones. Le tofu et le lait de soja ne contiennent que la génistéine et la daidzéine.

Les bienfaits des isoflavones

Depuis une vingtaine d'années, les chercheurs se penchent activement sur le soja et sur les bienfaits des isoflavones sur la santé. Certains travaux ont abouti à l'usage de ces molécules sous forme de compléments alimentaires puisqu'elles sont aujourd'hui utilisées chez les femmes au moment de la ménopause pour lutter contre les bouffées de chaleur.

Dans le cas de la prostate, nous n'en sommes pas encore là mais les premiers résultats de la recherche sont prometteurs.

- Une étude a montré *in vitro* que la génistéine, une isoflavone de soja pouvait ralentir la croissance de cellules prélevées sur une prostate hypertrophiée, de même pour des cellules de prostate cancéreuse. Plus la dose d'isoflavone dans le milieu de culture est élevée et plus la croissance des tissus est inhibée.
- Chez des rats à qui l'on a provoqué chimiquement un cancer de la prostate, une alimentation riche en génistéine inhibe le développement du cancer.
- Chez l'homme, une étude a été menée sur 41 personnes atteintes d'un cancer de la prostate et dont le taux de PSA était en augmentation. Ces messieurs ont pris 100 mg d'isoflavones de soja 2 fois par jour pendant 3 mois. Les chercheurs ont observé un ralentissement de la progression du taux de PSA.

Les recherches chez l'homme commencent à peine. Des études cliniques sont en cours et il faudra encore quelques années aux chercheurs avant de pouvoir clarifier le rôle potentiel du soja dans les maladies de la prostate.

Quelle est la consommation occidentale d'isoflavones ?

On estime qu'elle ne dépasse pas 5 mg d'isoflavones par jour alors que, pour les populations asiatiques, elle serait de 25 à 45 mg par jour. Ce sont les Japonais qui absorbent le plus d'isoflavones avec une consommation quotidienne de produits dérivés du soja estimée à 200 mg par jour.

Enfin, certains auteurs considèrent que la consommation d'isoflavones peut même atteindre 250 mg par jour pour certaines populations asiatiques.

Les protecteurs naturels de la prostate

Certaines vitamines et composés naturels ont des effets protecteurs contre le cancer. Dans les fruits, le thé ou en compléments alimentaires, ces nutriments sont des atouts santé dont les hommes ne devraient pas se priver.

La vitamine E

Un certain nombre d'études ont montré que les suppléments de vitamine E, particulièrement en association avec le sélénium, pourraient avoir un rôle protecteur contre le cancer de la prostate. Cette vitamine permet de lutter contre les radicaux libres impliqués dans l'apparition du cancer. Dans le cadre d'une étude finlandaise de prévention (publiée en 1998 dans le *Journal of the National Cancer Institute*) 29 133 hommes fumeurs ont pris quotidiennement pendant 6 ans 50 mg de vitamine E ou un placebo. Les résultats montrent que la prise quotidienne de vitamine E a permis de réduire de 32 % l'incidence de cancer de la prostate par rapport au groupe placebo.

Du zinc contre le cancer

Le zinc, un minéral généralement utilisé dans la prévention des affections hivernales, a montré *in vitro* une action sur les mécanismes de prolifération cancéreuse (étude publiée en novembre 2002 dans le journal *Clinical Cancer Research*). Comme d'autres antioxydants, il pourrait freiner le développement de tumeurs.

Le sélénium

Le sélénium est un minéral qui se trouve dans le sol et que nous ingérons via les fruits et légumes que nous consommons. Les hommes avec de faibles niveaux plasmatiques de sélénium ont un risque de cancer de la prostate 4 à 5 fois plus important que la normale. Malheureusement les taux sanguins de sélénium diminuent avec l'âge et nous Français sommes assez mal lotis puisque notre sol est particulièrement pauvre en sélénium. Une supplémentation chez l'homme âgé pourrait donc être judicieuse. Pour preuve, en 1998, l'étude clinique du Dr Larry Clark (université d'Arizona, Tucson) a montré que l'administration d'un complément de 200 microgrammes de sélénium par jour pouvait réduire de 63 % le risque de cancer de la prostate chez l'homme.

La vitamine D

Cette vitamine est surtout connue avec le calcium pour son rôle déterminant dans la santé osseuse. Le corps synthétise environ les 2/3 de la vitamine D dont il a besoin grâce au soleil (à condition de bénéficier d'un ensoleillement suffisant), le reste étant apporté par l'alimentation. Mais elle serait également une formidable arme anti-cancer. Plusieurs études épidémiologiques américaines ont montré que les personnes qui vivent sous des latitudes élevées sont bien plus touchées par le cancer que celles qui vivent près de l'équateur. Ces personnes sont généralement déficitaires en vitamine D en raison du plus faible ensoleillement. Et c'est bel et bien le cas pour le cancer de la prostate : la Floride est deux fois moins touchée que l'état du Maine, situé dans le nord-est des États-Unis selon une étude publiée en décembre 1992 dans la revue *Cancer*. En France, environ 75 % des adultes vivant en ville auraient des déficits en vitamine D l'hiver.

Promesses de la quercétine

La quercétine est une substance synthétisée par les plantes, qui appartient à la grande famille des flavonoïdes. Elle possède des propriétés antioxydantes. En 1999, un complément à base de quercétine, de bromélaïne et de papaïne (enzymes extraites d'ananas et de papaye) a été testé contre un placebo sur 30 patients se plaignant de prostatite chronique. 20 % des patients prenant le placebo et 67 % de ceux prenant le complément alimentaire ont fait état d'une amélioration. Mais il s'agit d'une étude préliminaire.

Cocktail vitaminé !

Une étude américaine (publiée en 1999 dans *Cancer Epidemiology Biomarkers & Prevention*) a montré que les suppléments de vitamines et minéraux ont un effet protecteur contre le cancer de la prostate. Des chercheurs ont comparé les apports en vitamines de 697 hommes âgés de 40 à 64 ans atteints de cancer de la prostate à ceux de 666 hommes en bonne santé. Les résultats montrent que la consommation régulière de vitamines C et E et de zinc est associée à un risque de cancer de la prostate moindre.

Phytothérapie : ces plantes qui soulagent

Plusieurs plantes ont fait la preuve de leur efficacité dans le traitement des troubles de l'hypertrophie bénigne de la prostate. Certaines sont même couramment utilisées depuis plusieurs années. Petit guide de phytothérapie masculine...

Le palmier de Floride *(Serenoa repens)*

Le « palmier scie » est originaire du sud-est des États-Unis. Ses petites baies noires étaient utilisées dans la médecine traditionnelle pour soigner les irritations de la vessie, de l'urètre et de la prostate. C'est à partir de la pulpe et des graines de ses fruits mûrs et séchés que l'on extrait aujourd'hui les principes actifs du palmier de Floride. Il s'agit principalement d'acides gras spécifiques qui permettent, en inhibant l'enzyme 5-alpha-réductase, de réguler les taux de dihydrotestostérone dans la prostate, molécule à l'origine de l'augmentation du volume de la prostate *(lire page 30)*.

Plus de vingt études cliniques ont montré que ces extraits permettent également de soulager les symptômes urinaires en réduisant la contraction des muscles lisses de la vessie et du sphincter qui provoquent les envies impérieuses d'uriner.

Le palmier controversé

Si plus de 20 études cliniques ont validé l'usage du palmier de Floride pour traiter l'hypertrophie bénigne de la prostate (HBP), une étude parue en février 2006 dans le *New England Journal of Médicine* est venue jeter le trouble sur cette plante. Cette étude rigoureuse – menée en double aveugle contre placebo – a montré que le palmier n'était pas plus efficace qu'un placebo contre l'HBP. La différence avec les études précédentes ? Celle-là a été plus longue, a utilisé l'index standard d'évaluation des symptômes et surtout a reproduit l'arôme caractéristique du palmier dans les gélules placebo.

Le *Serenoa repens* entre dans la composition de médicaments classiques prescrits dans le traitement de l'hypertrophie de la prostate (Permixon®).

Le prunier d'Afrique *(Pygeum africanum)*

Le « prunier d'Afrique » est un arbre qui pousse en Afrique du Sud, à Madagascar et dans certains pays d'Afrique centrale. L'écorce est la partie active. Elle renferme des composés qui agissent en inhibant les facteurs de croissance de façon à réguler la prolifération des cellules prostatiques.

En septembre 2002, une synthèse de 18 études cliniques a montré que l'extrait de prunier d'Afrique permettait, après 2 à 4 mois de traitement, d'améliorer les symptômes de 64 % (contre seulement 30 % chez les personnes qui prenaient un placebo). Le flux urinaire s'était nettement amélioré, sans effet secondaire.

Un médicament, le Tadenan® doit son efficacité à un extrait de *Pygeum africanum*.

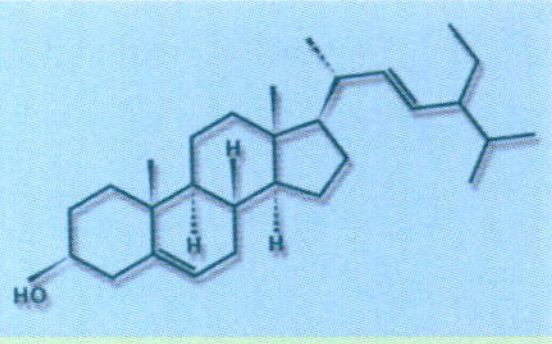

Un principe actif commun : le bêta-sitostérol

Le bêta-sitostérol appartient, comme son nom l'indique, à la famille des phytostérols, des composés présents dans les cellules des végétaux. Ces composés permettent de maintenir la structure de la membrane cellulaire, tout comme le cholestérol chez l'homme.

L'action du bêta-sitostérol sur la prostate n'est aujourd'hui pas encore totalement élucidée. Il semble cependant qu'il agisse sur certains tissus prostatiques où il interfère avec les prostaglandines (des médiateurs naturels produits par l'organisme qui agissent notamment dans les phénomènes de douleur et d'inflammation au niveau gastrique et gynécologique).

En 1999, un article du *British Journal of Urology* a passé en revue 4 études cliniques dont les résultats ont prouvé l'efficacité du bêta-sitostérol par rapport à un placebo sur les problèmes urinaires. L'intensité des troubles a diminué. Les chercheurs ont noté également une augmentation du flux urinaire et une diminution du résidu post-mictionnel. Le bêta-sitostérol est également indiqué pour faire baisser le cholestérol.

Des plantes encore et encore

Moins exotiques, elles poussent dans nos fossés ou nos jardins mais se révèlent tout aussi efficaces contre l'hypertrophie de la prostate.

L'ortie à travers les siècles

Aliment essentiel pour les hommes préhistoriques, l'ortie aurait été cultivée dès les premiers siècles de notre ère. Les fibres de sa tige étaient utilisées pour tisser de la toile. Galien, médecin grec au IIe siècle ap. J.-C. rapporte ses qualités nutritives. Plus tard, ses propriétés thérapeutiques furent mises à l'honneur, notamment pour lutter contre les hémorragies, les maux de tête et d'estomac et même les angines. Aujourd'hui on trouve encore de l'ortie sur les tables, en tarte ou potage... à moins que ce ne soit en tisane.

L'ortie *(Urtica dioica)*

C'est la racine qui est utilisée, les feuilles étant réservées au traitement des ongles cassants et à la chute des cheveux ! C'est encore un stérol, le bêta-sitostérol, qui exerce son action bénéfique sur la prostate (Arkogélules® Racine d'Ortie).

Une étude parue en 1996 dans le journal allemand *Urologue*, a montré qu'après 3 mois de traitement avec un extrait de racine d'ortie, les hommes ont vu leur flux urinaire maximal augmenter de 66 % (contre seulement 36 % dans le groupe placebo). Diminution du volume prostatique, amélioration du flux urinaire, ses effets sont comparables à ceux des plantes précédentes. Une autre étude parue en 2000 dans le *British Journal of Urology* a comparé sur 516 patients atteints d'HBP les effets d'un médicament (finastéride) avec ceux de l'extrait d'ortie associé à un extrait de palmier de Floride. Après 24 semaines, les patients des deux groupes ont vu leur condition s'améliorer dans les mêmes proportions, avec cependant un avantage pour les extraits de plantes en termes d'effets indésirables et de tolérance.

La courge *(Cucurbica pepo)*

Rapportée d'Amérique, les Indiens mangeaient sa chair et gardaient ses graines pour soigner les problèmes rénaux. Plus tard, les graines de courge ont été utilisées comme vermifuge dans les infections intestinales. Aujourd'hui, on extrait des pépins une huile très riche en acide linoléique, un acide gras essentiel, qui permet d'améliorer les symptômes de la prostate. Cette huile contient également des minéraux dont le zinc et des vitamines (B, C, E principalement) (Arkogélules® Huile de Pépins de Courge).

C'est surtout en association avec l'extrait de palmier de Floride que l'huile de pépins de courge a fait preuve de son efficacité. Deux études, en 1989 et 1990, ont montré qu'après 3 mois de traitement à base d'extraits de graines de citrouille et de palmier, le temps et la fréquence de miction ainsi que le flux urinaire s'étaient nettement améliorés.

Plantes : mode d'emploi

Toutes ces plantes sont disponibles en gélules qui contiennent soit de la poudre totale (Arkogélules ® en pharmacie) soit des extraits secs. La poudre totale est obtenue par cryobroyage de la plante (broyage à –196°C). Ce procédé permet d'obtenir la quasi-totalité des principes actifs. Les extraits secs, eux, sont obtenus soit par nébulisation soit par lyophilisation. Ces méthodes permettent d'isoler et de concentrer une partie des principes actifs. Les gélules sont à prendre au moment des repas avec un peu d'eau.

Le pollen

Les extraits de pollen sont aujourd'hui des compléments alimentaires courants, utilisés notamment pour lutter contre la fatigue et les infections hivernales. Mais le pollen agit également sur les récepteurs de la dihydrotestostérone bloquant ainsi l'hyperplasie. Ses effets sont donc comparables à ceux des plantes présentées jusqu'ici. Selon une étude publiée en 1996, parmi 89 patients atteints d'HBP, le pollen a apporté 78 % d'amélioration des symptômes urinaires contre 55 % avec un extrait de prunier d'Afrique (Tadenan®). Le pollen est également un stimulant de l'immunité et un antioxydant.

Les gestes santé au quotidien

Les traités d'urologie du début du siècle donnaient des conseils d'hygiène de vie qui sont encore valables de nos jours.

Il faut boire, mais éviter l'alcool !

• Éviter les boissons comme le vin blanc, la bière, le champagne et aussi le pastis qui contiendrait une substance freinant l'activité de la vessie, faisant ainsi courir un risque de rétention d'urine ;

• Boire suffisamment : à force de craindre d'aller faire pipi, de nombreux hommes ne boivent pas suffisamment. Les urines deviennent très concentrées, ce qui favorise les infections urinaires. En revanche, vous pouvez éviter le bouillon du soir qui vous oblige à vous lever la nuit…

Manger peu épicé

• Pour éviter la constipation ;

• Éviter les mets épicés : certaines épices (comme le poivre) mais aussi la moutarde favorisent les brûlures urinaires ;

• Éviter les repas longs et copieux.

Pour garder la forme

Le Professeur Edward Giovannucci (Ecole de Médecine de l'université de Harvard, Boston, Massachusetts), auteur de nombreuses études sur les cancers de la prostate et du côlon rappelle dans un article publié en décembre 2002 (*The American Journal of Medicine*) les mesures d'hygiène que chacun peut mettre en œuvre dans sa vie quotidienne pour rester en bonne santé et éventuellement prévenir le cancer :

- contrôler ses apports caloriques et donc son poids,
- pratiquer régulièrement une activité physique,
- réduire sa consommation de viande rouge et de charcuteries,
- privilégier les fruits et légumes ainsi que les céréales complètes (de préférence aux céréales raffinées).

Et aussi penser à...

• Pratiquer une activité sportive : la vessie est un muscle et l'activité physique lui permet de mieux fonctionner. Nombreuses sont les études qui ont montré que les hommes qui pratiquent une activité physique régulière souffrent moins de troubles liés à l'hypertrophie de la prostate. La marche est une activité particulièrement recommandée : une étude a montré que les hommes qui marchent 2 à 3 heures par semaine voient leur risque de souffrir d'HBP diminuer de 25 %. Sans compter que cette activité est tout aussi recommandée dans la prévention des risques cardiovasculaires. Alors marchez !

• Éviter la position assise prolongée (longs voyages en train ou en voiture) car elle expose à la rétention aiguë d'urine ;

• Éviter les refroidissements, la retenue volontaire d'urines ;

• Éviter aussi les médicaments vasoconstricteurs, comme ceux utilisés contre la diarrhée ou encore la congestion nasale. Ils ont une activité alpha-stimulante (contraire d'une activité alpha-bloquante) et augmente ainsi la difficulté à uriner. Mieux vaut donc se reporter à la notice de tout médicament avant utilisation afin de s'assurer qu'il n'existe aucune contre-indication en cas de maladie prostatique. Si les précautions d'emploi mettent en garde contre l'utilisation chez les patients prostatiques, parlez-en à votre médecin.

Épices et condiments aux multiples vertus

Si les épices comme le poivre, le paprika ou le piment de Cayenne peuvent être irritantes, ne négligez pas pour autant d'autres plantes qui relèvent les plats. L'ail en particulier comme d'autres plantes de la famille des alliacés (oignons, échalotes) a des vertus anti-cancéreuses. Une étude publiée en novembre 2002 dans le *Journal of the National Cancer Institute* a montré que les hommes qui consomment plus de 10 g par jour de légumes alliacés ont un risque moindre de développer un cancer de la prostate. Au delà de 10 g d'ail par jour, ce risque diminuerait de 53 % alors qu'il baisserait de 70 % avec la même quantité d'oignon !

Les médicaments de la prostate

Deux grandes familles de médicaments sont utilisées pour soigner l'adénome de la prostate. Les alpha-bloquants soulagent rapidement en relâchant tout l'appareil urinaire. Les inhibiteurs de la 5-alpha-réductase ont une action lente mais plus directe sur la prostate.

Une vessie relax

Initialement mis au point pour traiter l'hypertension artérielle, les alpha-bloquants, comme leur nom l'indique, agissent sur les récepteurs alpha présents dans la paroi artérielle. En bloquant leur fonctionnement, les médicaments permettent de faire baisser la pression artérielle par dilatation des artères et une moindre résistance des artérioles. Mais on s'est rendu compte que les alpha-bloquants amélioraient aussi les troubles mictionnels des patients hypertendus qui avaient un adénome de la prostate. C'est ainsi que l'on a découvert qu'il existe également des récepteurs alpha au niveau de la prostate, du col vésical et de la vessie. Ces récepteurs uro-génitaux sont légèrement différents de ceux situés au niveau des artères.

Le blocage des récepteurs uro-génitaux aboutit à un relâchement favorisant l'écoulement de l'urine. La miction démarre mieux, le jet est plus fort, la vessie se vide mieux et le résidu post-mictionnel s'amoindrit voire disparaît.

L'action sur les récepteurs vésicaux permet à la vessie d'être moins « irritable », la fréquence des mictions nocturnes diminue et le contrôle des envies d'uriner s'améliore. Plusieurs produits se partagent le marché : Xatral®, Omexel®, Mecir®, Zoxan®, Hytrine®, Dysalfa®, Urion®.

Des effets secondaires plus ou moins gênants

Ils ont tous les mêmes propriétés et des effets secondaires identiques. L'effet alpha-bloquant peut se produire aussi au niveau des artères créant ainsi des phénomènes d'hypotension caractérisés par des malaises ou des vertiges ou, moins fortement, par des maux de tête ou une sensation de fatigue générale. Ces effets secondaires peuvent parfois conduire à l'arrêt du traitement. L'autre effet secondaire classique est l'éjaculation rétrograde, liée au blocage des récepteurs du col vésical qui se ferme mal au moment de l'éjaculation. Le sperme remonte alors dans la vessie au lieu d'être expulsé vers l'extérieur. Ces effets secondaires sont réversibles avec l'arrêt du traitement.

Et la chirurgie ?

La décision d'opérer ne peut être systématisée. Votre médecin évaluera avec vous les répercussions sociales de votre maladie, en fonction de vos activités. Par exemple, on ne proposera pas le même traitement à un agriculteur qui passe le plus clair de son temps à l'extérieur qu'à un cadre ou un enseignant qui sera obligé de quitter la salle plusieurs fois dans la matinée pour aller uriner. On sera bien sûr plus enclin à proposer la chirurgie dans le deuxième cas. Une opération se décide toujours au cas par cas.

Quand doit-on traiter ?

De manière générale, si vous ne souffrez pas de symptômes urinaires même si la prostate est grosse, on vous laissera tranquille !

Si vos symptômes sont légers, on vous proposera certainement un traitement à base de plantes ou du finastéride, en vous faisant suivre régulièrement par votre urologue.

Si vous êtes très gêné au quotidien ou que le traitement précédent n'est pas efficace, on vous prescrira des alpha-bloquants.

Réduire le volume de la prostate

Deuxième classe de médicaments : les inhibiteurs de la 5-alpha-réductase. Ces médicaments agissent différemment : ce sont les seuls à pouvoir faire diminuer le volume de la prostate.

Les inhibiteurs de la 5-alpha-réductase

Le finastéride (ChibroProscar®) et le dutastéride (Avodart®) ont une action radicalement différente de celle des alpha-bloquants. En réduisant le taux de dihydrotestostérone à l'intérieur de la prostate, ils font diminuer son volume. Même si, comme nous l'avons vu précédemment, le volume de la prostate n'est pas corrélé à l'intensité des symptômes, réduire le volume de la prostate permet d'améliorer nettement les troubles urinaires. Cependant l'action est lente, puisqu'il faut au minimum

Le finastéride préviendrait-il le cancer ?

Une étude est actuellement menée aux États-Unis afin d'évaluer un éventuel rôle préventif du finastéride (inhibiteur de la 5-alpha-réductase, utilisé comme traitement de l'adénome prostatique) sur le cancer de la prostate. Il faudra attendre quelques années avant d'en connaître les résultats.

6 mois à 1 an de traitement pour réduire d'environ 25 % la taille de la prostate : une prostate de 50 grammes passe au bout de plusieurs mois à 35 grammes environ. Ces traitements ne ramènent toutefois pas la prostate à une taille normale. Ils diminuent la fréquence des mictions nocturnes, améliorent le jet et réduisent le résidu post-mictionnel.

Les effets secondaires sont surtout d'ordre sexuel avec une diminution de la quantité de sperme et parfois une impuissance, réversible avec l'arrêt du traitement.

Il est important de savoir que ces médicaments réduisent le taux de PSA de moitié. Ainsi on a pu voir des patients s'alarmer de voir leur PSA monter après avoir arrêté leur traitement par finastéride ou dutastéride. En fait, le PSA ne faisait que remonter à sa valeur initiale.

L'association finastéride + alpha-bloquants

Elle permet d'allier les avantages de l'un et de l'autre. Les alpha-bloquants agissent rapidement (en quelques jours) et soulagent vite. Le finastéride agit doucement « en profondeur » sur le volume prostatique. Ce sont des médicaments qui peuvent être pris pendant de nombreuses années sans aucun danger tout comme le Permixon® ou le Tadénan®, deux médicaments de phytothérapie qui permettent aussi de soulager les symptômes de la prostate.

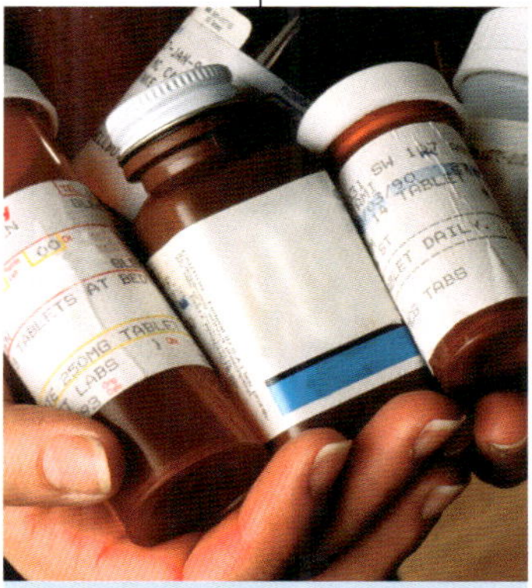

L'union fait la force

En mai 2002, l'étude MTOPS a montré que le traitement de l'HBP est plus efficace lorsque l'on combine les médicaments alpha-bloquants avec du finastéride. 3 047 hommes de plus de 50 ans atteints d'HBP ont suivi ce traitement pendant 4 ans et demi. Les résultats montrent que par rapport au placebo, le médicament alpha-bloquant a réduit de 39 % le risque de progression clinique de l'HBP, le finastéride de 34 % et le traitement combiné de 67 %.

Soulager la rétention aigüe d'urines

La rétention aiguë d'urines est une conséquence directe de l'hypertrophie bénigne de la prostate. Très douloureuse, elle nécessite d'intervenir rapidement.

Le sondage vésical

C'est le seul moyen de soulager la douleur dans une rétention aiguë d'urines. Le médecin généraliste peut parfois poser la sonde sinon il faudra vous rendre aux urgences. Le sondage, si la sonde passe sans difficulté, n'est pas douloureux et surtout apporte un tel soulagement qu'un certain nombre de patients veulent ensuite rentrer chez eux pensant que le problème est « réglé ». Mais la vessie a été très distendue et affaiblie par cette épreuve. Si la sonde est enlevée, la rétention se reproduira dès que la vessie sera à nouveau pleine. La sonde doit donc être laissée en place quelques jours pour que la vessie récupère. Il est envisageable de l'enlever par la suite si les mictions reprennent normalement.

Après le sondage : du sang dans la poche à urines

Quand la vessie a été très distendue et qu'on la vide de façon continue, des petites veines de la muqueuse vésicale peuvent « claquer » et donner d'importantes hématuries avec caillots. Pour éviter ce phénomène, la vessie n'est évacuée que par paliers : il faut stopper l'écoulement environ tous les 100 à 200 ml et ce, pendant quelques minutes à chaque fois.

Mais attention, cela ne permet en aucun cas de régler la cause initiale du problème puisque la prostate hypertrophiée risque de provoquer à nouveau des rétentions d'urine à n'importe quel moment. Si les mictions ne reprennent pas au retrait de la sonde, il faut la remettre et prévoir l'opération de l'HBP.

Quand on ne peut pas opérer : la sonde à demeure

Chez un patient qui ne peut reprendre ses mictions après le retrait de la sonde et dont l'état général contre-indique toute intervention, la sonde peut être laissée en place de manière permanente. Il faut alors prendre soin de la changer tous les mois environ et en y associant parfois préventivement un traitement antibiotique à faibles doses.

La sonde à demeure en pratique

Le risque infectieux existe, mais il est réduit par les changements mensuels de sonde, une toilette régulière de l'extrémité de la verge, et la prise parfois, d'antibiotiques à petites doses préventives. La sonde à demeure n'entrave pas les activités quotidiennes. Le jour, elle est reliée à une « poche de jour » fixée au mollet et qui sera vidée par un petit robinet situé à sa partie inférieure. Pour la nuit, la poche sera changée pour une « poche de nuit », de plus grande capacité permettant ainsi de ne pas avoir à se lever pour aller la vider.

Ou les auto-sondages

Certains patients non opérables ou ne voulant pas être opérés apprendront à se faire leurs sondages eux-mêmes avec l'aide du médecin dans les premiers temps. Il faut, en moyenne, 4 à 6 sondages par jour.

Et si la sonde ne passe pas ?

Dans quelques cas, la sonde ne passera pas pour des raisons anatomiques internes. On aura alors recours au cathétérisme sus-pubien. Après avoir fait une anesthésie locale de la région sus-pubienne, on enfonce au-dessus du pubis un trocart qui pénètrera dans la vessie et permettra d'y placer un drain évacuant les urines.

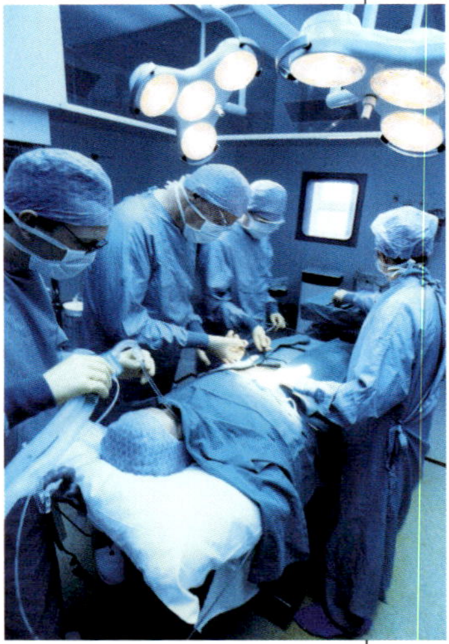

Quand la chirurgie s'impose

Les interventions chirurgicales de l'adénome ne portent que sur l'adénome lui-même et non pas sur la totalité de la prostate.

Quand choisit-on d'opérer ?

• En cas de rétention aiguë, si les mictions ne reprennent pas à l'ablation de la sonde.

• Si les symptômes urinaires perturbent trop la vie quotidienne, s'ils ne sont pas améliorés par les médicaments ou s'ils s'accentuent malgré le traitement.

• En cas d'infections urinaires à répétition, de calculs vésicaux, d'hématuries à répétition, de rétention chronique ou d'insuffisance rénale.

Choisir la technique opératoire

Ce choix dépend du volume de la prostate et des habitudes de l'opérateur. Schématiquement, les HBP de volume faible et moyen sont opérées par « voie naturelle » (rabotage endoscopique) et les grosses HBP sont opérées par ouverture abdominale (la limite peut se situer autour de 60 grammes).

Le rabotage de l'adénome

C'est une opération par voie naturelle. L'intervention se fait par endoscopie à l'aide d'un résecteur (tube métallique muni d'un système optique et d'une électrode coupante à son extrémité). Ceci permet de raboter l'intérieur de la prostate. On parle de résection endoscopique. Pour des raisons de sécurité, elle ne doit pas durer plus d'une heure, c'est pourquoi elle est

La consultation d'anesthésie

Elle est obligatoire avant toute intervention. Munissez-vous de tous vos documents médicaux, certains d'entre eux pourront être utiles à l'anesthésiste. Le médecin vous demandera si vous avez déjà subi des opérations, si vous êtes allergiques à certaines substances ainsi que vos traitements médicaux en cours. C'est là que se décidera le type d'anesthésie : générale ou loco-régionale.

contre-indiquée dans les gros adénomes pour lesquels la résection serait beaucoup trop longue et donc dangereuse.

Le patient anesthésié est installé en position gynécologique et le résecteur est introduit dans l'urètre. Dans un premier temps, l'intérieur de la vessie est vérifié, puis on résèque les deux lobes prostatiques que l'on voit très nettement faire saillie dans l'urètre. Ces lobes sont découpés en petits copeaux que l'on repousse dans la vessie. Ils sont évacués en fin d'intervention à l'aide d'une seringue spéciale avant d'être envoyés au laboratoire d'anatomopathologie pour être analysés. La plupart des patients sortent de l'hôpital 5 jours après l'opération, parfois un peu plus tard si les urines restent rouges trop longtemps.

Un adénome est systématiquement analysé

L'adénome qui a été enlevé, est envoyé au laboratoire d'anatomie pathologique pour être analysé. Dans certains cas, on découvre de manière tout à fait fortuite des cellules cancéreuses en petite quantité. Selon les cas, votre urologue ne décidera que d'une simple surveillance ou bien prescrira de nouveaux examens. Une nouvelle opération peut alors être décidée afin de retirer la prostate restante.

L'ablation des gros adénomes

Cette opération nécessite une petite ouverture de quelques centimètres au-dessus du pubis, horizontale ou verticale. Elle est donc la plupart du temps réalisée sous anesthésie générale. La tumeur est enlevée en une seule pièce pour être analysée. Du fait de l'ouverture, l'hospitalisation est un peu plus longue (7 à 10 jours). L'ablation chirurgicale d'un adénome est rapide et peut prendre de 15 à 30 minutes.

Le traitement des calculs

Il se fait en même temps que le traitement de l'adénome qui a provoqué leur formation.

- Lors d'une résection, on utilise, par voie naturelle, un lithotripteur (appareil muni d'un système d'ultrasons) que l'on amène au contact du calcul et qui permet de le fragmenter dans la vessie. Les morceaux seront enlevés de la même manière que les copeaux.

- Par voie chirurgicale, ils sont simplement enlevés au moment de l'ouverture de la vessie.

Les alternatives à la chirurgie de l'HBP

Les interventions de l'HBP ne sont pas proposées à des patients jeunes. Dans ce cas, les techniques opératoires comme l'incision cervico-prostatique ou la thermothérapie sont préférées.

L'incision cervico-prostatique

Elle est efficace pour les petits adénomes et elle permet de conserver l'éjaculation normale chez plus de 80 % des patients. C'est une technique par voie naturelle où l'on ne rabote pas l'adénome. On « creuse une tranchée » au niveau du col et de l'adénome. Cette tranchée permettra une meilleure ouverture à la miction et améliorera les symptômes obstructifs. Elle est réservée aux petits adénomes. Pour ceux qui sont plus gros, elle est inefficace. L'hospitalisation est courte de 2 à 3 jours.

Endoprothèse prostatique

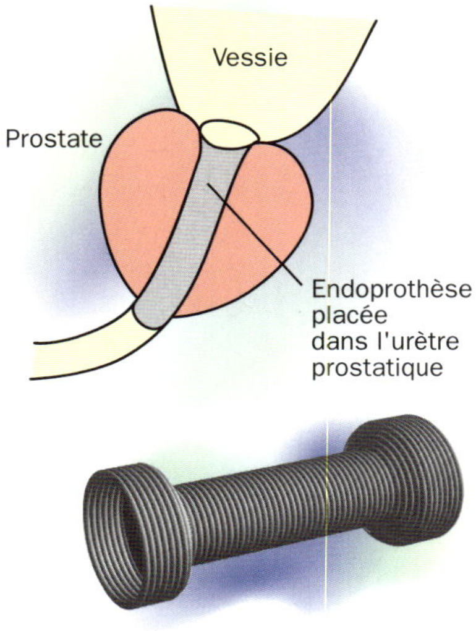

Les endoprothèses

Elles sont placées au niveau de l'urètre prostatique sous contrôle endoscopique ; elles maintiennent écartés les lobes de la prostate, diminuant ainsi l'obstruction.

Elles peuvent être posées sous anesthésie générale, péridurale ou simplement locale. C'est une intervention simple et le patient peut ressortir le lendemain. On les utilisera chez les hommes trop « fragiles » pour une intervention classique.

Cette intervention simple a néanmoins des complications fréquentes :

- migration de la prothèse dans la vessie (surtout pour les gros adénomes), obligeant à l'enlever par voie endoscopique ;
- infections urinaires répétées, dues au fait qu'il s'agit d'un corps étranger ;
- incrustations de calculs sur la prothèse pour la même raison ;
- bourgeonnement de tissu à travers les mailles de la prothèse, pouvant entraîner une obstruction et obligeant alors à faire une résection endoscopique.

Ces complications font qu'il est difficile de les envisager comme traitement définitif ou du moins à long terme.

Et le laser ?

Le laser, délivrant une température de l'ordre de 300°C, va entraîner une destruction tissulaire sensiblement identique à celle de la chirurgie. Les saignements sont moins importants et l'hospitalisation est plus courte. Cette technique est peu utilisée du fait du coût important du matériel. Tout comme la thermothérapie micro-ondes, elle a l'inconvénient de ne pas prélever de tissu (puisqu'il est détruit par la chaleur) et il n'y aura donc pas d'analyse anatomo-pathologique.

La thermothérapie micro-ondes

Par la chaleur, on obtient une nécrose (destruction) tissulaire. Les premières machines chauffaient à 45 °C mais les résultats ne furent pas concluants. Il faut donc chauffer à 70-80 °C pour détruire efficacement les tissus. Des systèmes de refroidissement sont donc nécessaires pour protéger les structures environnantes, comme l'urètre et le rectum. Une anesthésie est nécessaire. Les résultats de cette technique sont globalement moins bons que ceux de la chirurgie, mais elle peut être proposée en remplacement d'un traitement médical (évitant ainsi de prendre un médicament régulièrement) ou chez un patient ne désirant pas être opéré. Le taux d'éjaculation rétrograde varie de 0 à 45 % et des rétentions post-opératoires sont possibles obligeant à porter un cathéter sus pubien pendant plusieurs jours.

Les traitements du cancer localisé à la prostate

Le but est d'éradiquer la maladie pour pouvoir obtenir une guérison. Deux possibilités : l'ablation chirurgicale ou la « destruction » de la glande par la radiothérapie.

L'opération d'une prostate cancéreuse

Contrairement à l'hypertrophie bénigne, la chirurgie du cancer de la prostate consiste à enlever la totalité de la glande et les vésicules séminales. On parle de prostatectomie totale. En fonction des habitudes et de l'expérience de l'opérateur, elle est réalisée soit :

- « en ouvrant », par une incision allant du pubis au nombril ;
- en passant par le périnée ;
- en cœlioscopie en réalisant, dans la paroi abdominale, plusieurs petites incisions par lesquelles les instruments sont introduits. L'opération se déroule sous l'œil d'une caméra. Le chirurgien suit son travail sur un écran de télévision.

La durée d'hospitalisation varie de 3 à 5 jours pour les opérations par voies périnéale et cœlioscopique, à une semaine lorsque l'abdomen est ouvert.
Un mois après l'opération, le PSA doit être tombé à 0.

Un choix éclairé

Le traitement du cancer doit être choisi en concertation avec le médecin traitant, l'urologue et la partenaire. Le médecin doit expliquer clairement les avantages, les inconvénients et les risques de chaque solution thérapeutique afin que son patient choisisse en connaissance de cause et qu'il n'y ait pas de regret par la suite.

La radiothérapie

C'est une alternative à la chirurgie, dont les résultats à long terme, en matière de guérison, sont comparables. Il s'agit de détruire les cellules cancéreuses par des rayons très énergétiques. Le traitement dure environ 6 semaines, de façon à ce que la dose de « rayons » soit délivrée par petites quantités chaque jour afin de minimiser les complications. Ces complications sont essentiellement des cystites (inflammations de la vessie) ou des rectites (inflammations du rectum), habituellement transitoires, mais pouvant être exceptionnellement très invalidantes. Il est difficile de prédire les répercussions sur la sexualité, car les rayons agissent lentement sur plusieurs mois. Cependant, le risque d'impuissance existe.
Contrairement à la chirurgie, le PSA descend beaucoup plus lentement, parfois une année entière est nécessaire.

Chirurgie ou radiothérapie ?

Tout dépend de l'espérance de vie du patient et du choix du patient lui-même. Plus l'espérance de vie est importante, plus l'urologue a tendance à opérer, gardant ainsi l'option de la radiothérapie pour éventuellement soigner une récidive dans les années suivantes. Cependant, les risques d'impuissance effraient parfois certains hommes qui choisissent alors la radiothérapie.
À partir de 70 ans, la radiothérapie est plus souvent proposée mais il est encore possible d'opérer.
Aux environs de 80 ans, les hommes peuvent choisir de ne pas se faire opérer et de se faire surveiller régulièrement, puisque la maladie évolue très lentement à cet âge. On peut leur proposer la radiothérapie ou le traitement hormonal *(lire page 70)*.

Les autres techniques

Elles sont actuellement à l'étude. Il s'agit de l'Ablatherm, une technique qui utilise des ultrasons qui nécrosent les tissus en les chauffant et de la curiethérapie. On implante dans la prostate, sous contrôle échographique et sous anesthésie, des grains d'iode radioactifs qui vont délivrer une radioactivité localisée à la glande réduisant ainsi les risques de brûlures rectales et vésicales de la radiothérapie externe. Cette technique a surtout l'avantage de préserver l'érection dans plus de 70 % des cas. Son efficacité sur l'évolution du cancer à long terme nécessite d'être évaluée.

Rester vigilant

Une fois le cancer traité, il est impératif de rester sous surveillance et de faire pratiquer un toucher rectal et dosage de PSA régulièrement de façon à détecter une éventuelle rechute.

Les traitements du cancer évolué

À ce stade du cancer, la guérison n'est plus possible. On peut simplement en freiner l'évolution.

Le traitement hormonal ou plutôt anti-hormonal

Le cancer de la prostate est lié de manière complexe aux sécrétions hormonales. Les traitements consistent donc à supprimer les productions hormonales par des médicaments adaptés. Ils ne permettent pas de guérir le cancer mais seulement de le bloquer pendant une durée variable pouvant aller de plusieurs mois jusqu'à de nombreuses années. Cette durée d'action dépend de l'agressivité de la tumeur et de sa sensibilité aux médicaments.

Ces traitements sont utilisés dans les formes évoluées localement ou avec métastases, c'est-à-dire les formes où le cancer est déjà dépassé et ne peut plus prétendre à une guérison. Mais il arrive qu'ils soient aussi donnés à certains patients atteints d'un cancer moins développé, dans une phase de préparation à l'opération ou à la radiothérapie.

Au début du siècle, le cancer était traité par castration chirurgicale. Ensuite, et jusqu'à il y a encore 20 ans, les urologues retiraient la pulpe testiculaire, le tissu qui produit la testostérone. C'était une opération psychologiquement moins traumatisante que la castration.

Actuellement, les médicaments utilisés ne font ni plus ni moins que réaliser une castration « chimique ». Ils provoquent d'ailleurs la fonte du volume testiculaire ainsi que d'autres effets secondaires de la castration : bouffées de chaleur, prise de poids, augmentation de la graisse au niveau des cuisses et des hanches, perte de la pilosité.

Deux grandes familles de médicaments

La LHRH (*Luteinizing Hormone Releasing Hormone*) est une hormone responsable du contrôle d'autres hormones, notamment la LH (*Luteinizing Hormone)* qui initie la synthèse de la testostérone.

Première classe de médicaments : les « **analogues de la LHRH** ». Ces produits viennent se fixer sur l'hypophyse pour prendre la place de la véritable LHRH. Ils stoppent totalement la production de LH, ce qui entraîne la diminution de la taille des testicules et l'arrêt de la production de testostérone. Les cellules cancéreuses sont alors mises « au repos ».
Les analogues de la LHRH sont administrés en injections mensuelles ou trimestrielles.

Deuxième classe : les **anti-androgènes**. Ces molécules viennent se fixer sur tous les récepteurs androgéniques de l'organisme y compris, bien sûr, ceux de la prostate. Les hormones mâles ne peuvent donc plus exercer leur action puisque la place est « prise » par le médicament. Les cellules cancéreuses n'étant plus stimulées par les androgènes de l'organisme, elles se mettent alors au repos.

Traitement combiné

Les analogues LHRH et les anti-androgènes peuvent être donnés en association ou chacun isolément. Généralement, ces traitements ne doivent pas être arrêtés sauf dans certains cas particuliers où ils peuvent n'être pris que par intermittence. Parfois, ils peuvent être donnés en préparation à la chirurgie ou en association à la radiothérapie. On dit qu'ils sont utilisés dans un but néo-adjuvant.

Les autres solutions

Les œstrogènes, les médicaments à composantes œstrogéniques, la cortisone, les produits permettant de recalcifier le squelette, la chimiothérapie ne sont utilisés que dans les formes évoluées rebelles ou devenues résistantes aux traitements hormonaux.

Les complications post-opératoires

Quelles sont les conséquences d'une opération de l'adénome ou de l'ablation totale de la prostate lorsqu'elle est cancéreuse sur l'appareil urinaire et sur la sexualité ?

La fertilité masculine décline avec l'âge

Les études scientifiques sur le sujet sont unanimes : un homme n'est pas aussi fertile à 20 ans qu'à 80 ans. Globalement, la qualité du sperme décline avec les années : les spermatozoïdes sont moins nombreux mais aussi moins mobiles. La probabilité d'avoir des défauts de mobilité des spermatozoïdes atteint 80 % à 50 ans et atteint pratiquement 100 % à 80 ans. Autant de facteurs qui compromettent la fertilité.

Après opération d'un adénome : souvent stérile, rarement impuissant

L'opération d'une hypertrophie de la prostate n'entraîne pas d'impuissance et n'empêche pas les rapports sexuels. La médecine n'étant cependant pas une science exacte, un très faible pourcentage de patients deviennent impuissants sans que l'on puisse expliquer pourquoi.

L'éjaculation rétrograde est la complication essentielle de la chirurgie de l'adénome : le sperme part dans la vessie au lieu d'être éjaculé. Cela ne change en rien la qualité du rapport sexuel, mais rend par contre stérile. C'est pourquoi on évite d'opérer les patients jeunes pouvant encore désirer avoir des enfants.

Environ 20 % des patients opérés par incision cervico-prostatique deviennent stériles.

Plus de prostate, plus d'érection

L'ablation totale de la prostate entraîne dans 80 % des cas des problèmes d'impuissance. L'opération endommage très souvent les nerfs érecteurs, à des degrés variables selon la technique utilisée. La préservation d'un nerf est parfois possible, mais non sans risque puisque des cellules cancéreuses peuvent subsister au niveau du nerf qui a été préservé. De plus, il est difficile d'y parvenir car les nerfs sont extrêmement fins et le saignement engendré par l'intervention rend leur visualisation souvent très mal aisée.
L'ablation de la prostate nécessite la ligature des canaux déférents entraînant ainsi une infertilité. Il arrive parfois que certains patients retrouvent des érections par la suite et une activité sexuelle. S'ils notent parfois une éjaculation, elle est due au fait que les glandes périurétrales fabriquent aussi une partie des composants du sperme. Mais cet éjaculat ne contient pourtant aucun spermatozoïde.

Des complications inhérentes à la chirurgie et à l'anesthésie

Les complications communes à toute chirurgie et anesthésie sont de plus en plus rares. Les risques les plus importants sont la phlébite et l'embolie pulmonaire, imposant un traitement anticoagulant systématique post-opératoire. Afin de prévenir les complications hémorragiques, le patient reste sous étroite surveillance et le cas échéant on pourra être amené à transfuser.

L'incontinence urinaire

L'incontinence urinaire, souci majeur qui fait tant redouter l'intervention par les patients est rare puisqu'elle ne survient qu'après 0,5 à 1 % des opérations de l'adénome et elle est inférieure à 3 % après l'ablation totale de la prostate dans le cas d'un cancer.

Retrouver une vie normale

Après une opération de la prostate, les trois mots d'ordre sont prévenir, rééduquer, surveiller.

Prévenir les infections urinaires

Les infections urinaires sont particulièrement fréquentes après une opération de la prostate, notamment parce que la flore microbienne est plus importante dans une vessie qui se vide mal. C'est le passage d'un appareil dans l'urètre et la présence d'une sonde vésicale dans les jours qui suivent l'opération qui « réveillent » ces bactéries. C'est pourquoi les patients reçoivent maintenant presque systématiquement un traitement antibiotique préventif. Une analyse d'urines est faite lorsqu'on retire la sonde, car les mesures d'hygiène n'éliminent pas tous les risques d'infections. Certains patients sortent donc de l'hôpital avec un traitement antibiotique à suivre à domicile.

Les infections urinaires étant courantes et très liées à ce type d'opération, il faut éviter de parler trop vite « d'infection nosocomiale ». Les infections peuvent toucher le testicule (orchite) ou l'épididyme (épididymite) et se traduisent par une douleur testiculaire importante. Elles sont traitées par antibiotiques et anti-inflammatoires.

Réapprendre à uriner

Après avoir quitté la clinique ou l'hôpital, il faut compter de 1 à 3 mois avant d'uriner à nouveau normalement. Il faut éviter les efforts physiques après l'opération afin

de ne pas faire saigner la zone opérée qui met plusieurs semaines à cicatriser.
Pendant cette période, les analyses d'urine mettent en évidence la présence de pus sans que cela ne soit inquiétant.
Il faut réapprendre à retenir ses urines par de petits exercices de « stop-pipi ». En urinant, on stoppe le jet en contractant les sphincters, puis on relâche, puis on stoppe à nouveau etc... On peut commencer ses exercices chez soi avant l'opération afin de faciliter la rééducation post-opératoire. En cas de fuites urinaires, une rééducation plus intensive peut être prescrite chez un rééducateur spécialisé.
L'activité sexuelle est possible après un mois environ mais l'éjaculation sera rétrograde.

Un bilan chaque année

La repousse de l'adénome est rare, mais elle est possible au bout de plusieurs années. Une surveillance annuelle reste de toute façon nécessaire. La prostate n'a en effet pas été enlevée en totalité. Seul l'adénome a été retiré. On a enlevé l'œuf, mais on a laissé le coquetier : cette coque prostatique périphérique où peut se développer le cancer. Il faut donc continuer à consulter son urologue qui pratiquera une fois par an un toucher rectal et un dosage du PSA. Alors me direz-vous, pourquoi n'avoir pas tout retiré d'emblée ? L'ablation totale de la prostate ne se justifie qu'en cas de cancer. Les répercussions sexuelles et psychologiques sont généralement lourdes. Mieux vaut par conséquent l'éviter quand cela est possible.

Les rétrécissements de l'urètre

À long terme, des sténoses de l'urètre ou des scléroses de la loge (resserrement cicatriciel au niveau du col de la vessie) peuvent survenir. Ce sont des réactions fibreuses qui obstruent l'écoulement des urines. Tout comme une cicatrice sur la peau peut parfois donner un bourgeonnement inesthétique, ici le bourgeonnement se fait dans le canal urétral et sa conséquence est l'obstruction. Ces sténoses entraînent des difficultés à uriner qui sont diagnostiquées grâce à une fibroscopie. On les soigne par endoscopie (voie naturelle) sous anesthésie avec une hospitalisation de quelques jours.

Après un cancer, bilan tous les 6 mois

Un mois après l'opération, le PSA doit être descendu à 0. Il sera ensuite contrôlé tous les six mois avec en plus un toucher rectal afin de détecter une éventuelle récidive. Une radiothérapie complémentaire ou un traitement « hormonal » sera à envisager le cas échéant.

Quand la sexualité est perturbée

Les troubles de la prostate à la cinquantaine ne sont pas synonymes d'impuissance. Les causes peuvent être multiples.

Chassons les idées reçues

Les opérations de l'adénome prostatique ne rendent pas impuissant et les hommes opérés gardent une vie sexuelle normale. La seule répercussion peut être l'éjaculation rétrograde : le sperme n'est plus éjaculé normalement à l'extérieur mais repart dans la vessie. C'est un phénomène sans aucune conséquence physique importante mais qui rend bien sûr stérile.

Maintenant s'il est vrai que dans les tranches d'âge concernées par les maladies prostatiques, les troubles de l'érection sont fréquents, les raisons en sont multiples :
- des facteurs psychologiques variés (retraite, difficultés de la vie...) ;
- la diminution du désir à l'intérieur du couple ;
- le retentissement de certaines maladies comme le diabète ou de certaines intoxications comme le tabagisme ou l'alcoolisme.

Les difficultés à uriner engendrées par l'HBP ne viennent souvent pas arranger les choses. L'agacement dû à la fréquence des levers nocturnes qui perturbent le sommeil de l'un et de l'autre peuvent engendrer une certaine réaction négative vis-à-vis de l'appareil uro-génital et, de ce fait, de la sexualité.

Quelle sexualité après un cancer de la prostate ?

Les hommes ayant eu un cancer deviennent impuissants suite à l'ablation totale de la prostate dans 80 % des cas. Les nerfs érecteurs, très fins, qui cheminent contre la prostate sont très souvent endommagés au cours de l'opération. Certaines techniques peuvent parfois les préserver mais c'est rare. Après une radiothérapie, il y a 30 à 60 % d'impuissants et 100 % après un traitement hormonal.

D'ailleurs cela pourrait peut-être expliquer pourquoi certains patients qui avaient des troubles sexuels, retrouvent une activité sexuelle normale après avoir été opérés de leur adénome.

Premier ennemi de l'érection : le stress

L'impuissance totale est rare et se manifeste par une absence totale d'érection que ce soit lors des rapports sexuels ou pendant la nuit et au petit matin.

Le plus souvent, les troubles de l'érection sont caractérisés par une « insuffisance érectile », c'est-à-dire une érection qui commence mais ne tient pas. La phase de tumescence est normale, la rigidité débute à peine mais « tout retombe » au moment de la pénétration. La cause est très souvent psychologique. Le stress (même inconscient), l'angoisse de l'échec, entraînent une libération dans le sang de certaines substances ayant un rôle « négatif » sur la rigidité des corps caverneux. Plus l'homme se trouvera en situation d'échec et plus le phénomène s'accentuera. Deux thérapeutiques pourront être menées conjointement : la sexothérapie et les médicaments destinés à faciliter ou provoquer les érections.

Comment se fait l'érection normale ?

Normalement, les érections surviennent lors des rapports sexuels, à la suite de stimulations physiques et psychologiques. En dehors de tout rapport, des érections surviennent aussi, de façon naturelle, la nuit pendant le sommeil et le matin au réveil. L'érection est l'obtention de la rigidité de la verge permettant la pénétration lors de l'acte sexuel.

La verge est constituée de deux corps caverneux, véritables éponges recevant un afflux de sang lors de la stimulation sexuelle. Ils augmentent de volume (phase de tumescence) puis deviennent rigides (phase de rigidité), ce qui permet la pénétration et le maintien de l'érection. Après l'éjaculation, les phénomènes s'inversent : le sang est évacué des corps caverneux qui redeviennent plus mous (phase de détumescence) jusqu'à retourner à l'état de repos (phase de flaccidité).

Le mécanisme de l'éjaculation

L'éjaculation est l'émission de sperme par le méat urétral. Le sperme est évacué grâce à un spasme des muscles de la région du périnée et des canaux dans lesquels il se trouve. En amont, le sphincter lisse du col vésical est fermé, obligeant le sperme à être chassé vers l'extérieur.

Contre les pannes d'érection

L'impuissance n'est pas une fatalité. Thérapie psychologique et médicaments se complètent pour redonner confiance aux deux partenaires et venir à bout du problème.

Comment redresser la barre ?

- Les médicaments comme le Sildénafil (Viagra®) peuvent donner de bons résultats. Le respect des contre-indications cardio-vasculaires est impératif et ne jamais utiliser ce produit sans en avoir parlé, au préalable, avec son médecin. Après prostatectomie totale, il est efficace dans 50 % des cas à condition de prendre la forme la plus dosée.
- Le chlorhydrate d'apomorphine (Uprima®, Ixcense®) est probablement moins efficace.
- Les injections intra-caverneuses de prostaglandines ou d'alpha-bloquants donnent de bons résultats. Le produit injecté dans la verge déclenche une dilatation des corps caverneux, d'où un afflux de sang et l'érection. Non douloureuses (sauf cas exceptionnel), elles ne sont pas toujours bien acceptées car le fait de se « piquer » dans la verge 10 minutes avant le rapport enlève un peu de romantisme à l'acte sexuel.

La sexothérapie

La sexothérapie tentera d'analyser comment s'est installé le problème : querelle dans le couple, conditions de travail éloignant les deux partenaires et générant des relations sexuelles sur commande, difficultés psychologiques (choc affectif, difficultés dans le travail). Le médecin sexologue cherchera ensuite à savoir comment s'est pérennisé le trouble : vécu du problème par l'homme, sa partenaire, capacité à en parler, efforts de l'un ou de l'autre pour améliorer la relation sexuelle, affective. Bref, il faut parfois réapprendre la notion du couple !

D'autre part, ce n'est plus la femme qui déclenche l'érection, mais la piqûre. L'érection n'est donc plus vécue comme un phénomène naturel mais comme quelque chose d'artificiel, ce qui conduit de nombreux couples à les abandonner.

Viagra et compagnie : sans stimulation, pas d'action

La stimulation, lors des préliminaires de l'acte sexuel permet la libération de certaines substances sans lesquelles le Viagra ne peut exercer son effet ce qui souligne l'importance de débuter l'acte pour que le médicament puisse agir. C'est la raison pour laquelle le sildénafil, comme le chlorhydrate d'apomorphine, sont considérés comme des « facilitateurs » de l'érection, alors que les injections intra-caverneuses entraînent des érections purement artificielles survenant même s'il n'y a pas de stimulation sexuelle. Le Viagra, bien que très célèbre, n'est pas le seul inhibiteur de la 5-phosphodiestérase : le tadalafil (Cialis®) et le vardénafil (Lévitra®) sont aussi utilisés que lui pour faciliter l'érection.

Et côté Sécu ?

Les inhibiteurs de la 5-phosphodiestérase et le chlorhydrate d'apomorphine ne sont pas remboursés par la sécurité sociale. Ils doivent être pris dans l'heure précédant le rapport sexuel et n'agiront que s'il y a stimulation sexuelle. Seules les injections intra-caverneuses sont remboursées, mais uniquement après chirurgie du cancer de la prostate. Cet élément est important, car, onéreuses, elles peuvent décourager certains couples.

Les prothèses

La prothèse pénienne est une solution chirurgicale qui consiste à implanter des tuteurs gonflables dans les corps caverneux. Leur remplissage est assuré par une petite pompe placée entre les testicules. L'utilisation de ces prothèses s'est raréfiée avec l'essor des injections intra-caverneuses.

La paillette magique

Plus sérieusement il s'agit de l'administration intra-urétrale de gel de prostaglandine (MUSE). C'est une paillette de la taille d'un gros grain de riz que l'on dépose à l'aide d'un applicateur, dans le canal urétral, environ un quart d'heure avant le rapport. Elle est constituée d'un gel de prostaglandines (comme le sont les injections intra-caverneuses). Ce gel va diffuser lentement à travers les parois de l'urètre pour gagner ensuite le corps caverneux. C'est un peu moins efficace que les injections mais est, psychologiquement, mieux accepté. Ce produit n'est pas remboursé par la sécurité sociale.

Des fuites qui fâchent

L'incontinence urinaire est définie comme l'impossibilité de retenir ses urines. Elle est rare, contrairement aux idées reçues. Si cela vous arrive, n'ayez pas honte et surtout n'hésitez pas à en parler car des solutions existent.

L'incontinence après une opération est rare

Cette crainte, si elle existe, repose évidemment sur des exemples vécus, entendus, racontés, mais il faut relativiser les choses. Le risque d'incontinence après chirurgie de l'adénome est faible : de 0,5 à 1 %. Il augmente avec l'âge de la personne opérée, car le sphincter strié de l'urètre manque plus de force chez un homme de 90 ans que chez un homme de 65 ans.

Le risque après une opération du cancer (prostatectomie totale) reste inférieur à 3 %. Des petites fuites de quelques gouttes en fin de journée incitant à utiliser un protège-slip sont plus fréquentes (10 à 20 %) mais n'entravent pas le confort de vie quotidien.

Pour les plus jeunes

Chez les patients plus jeunes, on peut avoir recours à un sphincter artificiel. Ce n'est pas une grosse opération et son risque majeur est l'infection, comme pour toute prothèse. Cette opération consiste à mettre en place par voie périnéale le plus souvent, un petit manchon en silicone autour de l'urètre, dont on commande l'ouverture et la fermeture à l'aide d'une petite pompe d'environ un centimètre de diamètre placée entre les testicules.

Les solutions

La technique du « stop-pipi » déjà évoquée peut souvent suffire. L'idéal étant déjà de pouvoir la commencer dans les jours précédents l'intervention et de la poursuivre, bien sûr, après.
Si cela ne suffit pas, il faudra aller faire une quinzaine de

séances de rééducation périnéale et sphinctérienne chez un kinésithérapeute spécialisé et possédant le matériel nécessaire. Ne vous attendez pas à faire venir le kiné chez vous car le matériel se trouve à son cabinet et ce sera à vous de vous déplacer. Cette rééducation est souvent très efficace.

Dans des cas très exceptionnels, ce ne sera pas encore suffisant. Chez les personnes âgées, on pourra se limiter alors aux protections absorbantes ou aux étuis péniens collecteurs si le nombre de couches utilisées par jour devient trop important. Mais les étuis péniens ne tiennent pas toujours bien et on peut alors avoir recours à la sonde à demeure, qu'il faudra changer régulièrement pour éviter le risque infectieux. Cette sonde est reliée à une poche en plastique qui se fixe au mollet pendant la journée permettant ainsi une autonomie et une vie tout à fait normale.

À propos de la rééducation

Si la rééducation est commencée avant l'intervention (5 à 6 séances), les résultats sur la continence post-opératoire seront meilleurs. Les résultats ont souvent tendance à se détériorer avec le temps et des séances d'entretien peuvent être nécessaires chaque année. Une rééducation inefficace après 30 séances le restera et il ne sera donc pas utile de la poursuivre.

Des magasins spécialisés

Les protections ne sont pas remboursées. On les trouve en pharmacie ou en grande surface. Il est important de savoir que dans les grandes villes, on trouvera des magasins spécialisés dans ce domaine et où des gammes très complètes adaptées à l'anatomie masculine pourront vous être présentées et où les conseils les plus éclairés pourront vous être donnés en fonction de l'importance de votre incontinence.

LA PROSTATE :
LES RÉPONSES À VOS QUESTIONS

Pourquoi m'examiner la prostate puisque ma prise de sang est normale ?

Un PSA normal n'empêche pas d'avoir une hypertrophie bénigne de la prostate ou même un cancer de la prostate.

Est-il dangereux d'avoir du PSA ?

Le PSA n'est pas toxique pour l'organisme. Il est le reflet de l'état de la prostate. Son élévation justifie un examen prostatique, mais si cet examen est rassurant, il ne faut pas attendre un médicament pour « traiter ce PSA ». Seule une surveillance est nécessaire.

Ma prostate est grosse. Pourquoi ne me donnez-vous pas de médicament ?

Une hypertrophie bénigne de la prostate sans aucun trouble urinaire ne nécessite pas de traitement.

Je prends un médicament pour la prostate, un jour ou l'autre il faudra bien m'opérer alors autant le faire maintenant, n'est-ce pas ?

Toutes les HBP ne se compliqueront pas forcément et ne nécessiteront pas obligatoirement une intervention. Seules sont opérées les HBP qui provoquent une rétention d'urine ou des infections à répétition ou bien encore les HBP dont les symptômes urinaires répondent de plus en plus mal aux médicaments.

Depuis mon opération, je ne suis plus un homme. Oui, vous m'aviez dit que je n'aurai plus d'érections mais vous ne m'avez jamais dit que je ne banderai plus...!!!

Cette remarque, authentique, montre que non seulement, le dialogue avant l'intervention est important, mais encore faut-il s'assurer de la bonne compréhension du vocabulaire utilisé. Certaines personnes confondent érection et éjaculation !

Vous m'avez trouvé un cancer à la prostate et pourtant je ne souffre de rien. Il paraît que maintenant on fait de bons médicaments qui marchent bien !

Les médicaments du cancer de la prostate sont réservés aux formes évoluées pour lesquelles l'opération n'est plus justifiée car la guérison n'est plus possible.
Si vous ne souffrez de rien, cela est plutôt rassurant et si le bilan de votre cancer est normal, seule l'ablation totale de la prostate pourra vous guérir de cette maladie qui ne vous gêne pourtant aucunement. C'est votre espérance de vie à long terme qui en dépend.

Je ne comprends pas, j'ai été ouvert et mon voisin, lui, il a été opéré par le canal !

Votre voisin a eu une résection endoscopique parce qu'il avait un adénome de taille petite ou moyenne. Vous avez été « ouvert » parce que votre adénome était trop gros pour être opéré par voie endoscopique ou parce que votre prostate est cancéreuse et qu'il a fallu vous faire une prostatectomie totale.

Il paraît que la prostate ne s'opère plus et qu'on la soigne par laser ?

Les techniques utilisant le laser ne sont pas couramment pratiquées et ne le sont que dans certains cas. Les opérations de référence pour la prostate sont :
- dans l'hypertrophie bénigne : la résection endoscopique et l'adénomectomie chirurgicale,
- dans le cancer : la prostatectomie totale.

J'ai été opéré mais est-ce que ma prostate peut repousser ?

La repousse est possible, mais rare, après la chirurgie de l'HBP. En cas de réapparition de troubles mictionnels, on pensera plutôt à une sténose de l'urètre ou à une sclérose de la loge.

J'ai été opéré d'un adénome et il a fallu que j'y « repasse » pour qu'on m'enlève tout. Pourquoi ne m'a-t-on pas tout fait en même temps ?

Vous avez effectivement été opéré d'un adénome et votre prostate n'avait aucun signe de cancer par ailleurs ; une ablation totale n'était donc pas justifiée. L'analyse systématique des adénomes peut parfois permettre de découvrir de petits foyers cancéreux qu'aucun autre examen n'aurait pu détecter. Dites vous que c'est plutôt une chance d'avoir découvert un cancer à son début et que l'on peut encore le guérir, mais au prix, bien sûr, d'une nouvelle opération.

J'ai un cancer que l'on a décidé de ne pas opérer, devrai-je avoir de nouvelles biopsies ?

Non, il ne sera pas nécessaire de faire de nouvelles biopsies, les seuls examens de surveillance sont le toucher rectal et le dosage du PSA.

La prostate peut-elle donner à elle seule une incontinence ?

Les incontinences des maladies prostatiques sont dues, en fait, à des impériosités mictionnelles contre lesquelles il est impossible de lutter trop longtemps :

la pression exercée par la contraction de la vessie étant tellement forte qu'elle oblige à trouver des toilettes le plus rapidement possible. Ces impériosités réagissent souvent très bien aux médicaments alpha-bloquants.
Les phénomènes de gouttes terminales ou retardataires ne répondent pas à la définition de l'incontinence et ne sont que quelques gouttes qui s'éliminent après la miction.
L'incontinence urinaire par regorgement est un écoulement d'urines quasi-permanent par évacuation du trop-plein d'une vessie constamment pleine (rétention chronique).
Ces différentes incontinences sont, en fait, la conséquence de la maladie prostatique et les traitements médicamenteux ou chirurgicaux permettront de régler le problème.

Mes problèmes sexuels seront-ils améliorés par l'opération ?

Non, les problèmes sexuels ne sont pas liés à la prostate. L'opération n'a pour but que de soulager les problèmes urinaires et non pas les troubles de la sexualité qui sont plus souvent d'origine psychologique.

Je souffre de prostatite chronique, pouvez-vous me donner des conseils d'hygiène de vie ?

Comme dans tous les troubles de la prostate, il faut éviter les repas épicés et les vins blancs et champagnes ainsi que les sports comme le cyclisme et l'équitation. Les rapports sexuels ne sont pas contre-indiqués et peuvent nécessiter des préservatifs en phase aiguë.

Est-ce qu'avoir une prostatite augmente le risque d'avoir un adénome ?

Une prostatite n'augmente pas le risque d'avoir un adénome ou un cancer. En revanche, la prostate est à surveiller car la consistance de la glande, dans la prostatite chronique, peut être ferme et le PSA peut augmenter comme lorsqu'elle est cancéreuse. Une prostatite chronique peut donc masquer un cancer et une surveillance régulière est donc d'autant plus importante.

GLOSSAIRE
DES EXAMENS MÉDICAUX EN UROLOGIE

LE BILAN URODYNAMIQUE

Pourquoi ?

Pour prévoir l'éventuelle efficacité d'une intervention sur la prostate si la responsabilité de celle-ci dans les troubles mictionnels n'est pas évidente.

Pour évaluer l'état du sphincter dans une incontinence post-opératoire.

Comment ?

C'est un examen complexe, indolore qui consiste à mettre en place une petite sonde dans la vessie par le canal urétral. Cette sonde permet d'enregistrer les pressions régnant dans l'urètre et la vessie pendant le remplissage vésical et durant la miction.

LA DÉBITMÉTRIE MICTIONNELLE

Pourquoi ?

Pour étudier le débit urinaire c'est-à-dire la relation volume uriné par unité de temps. Cet examen permet de mettre en évidence une dysurie dont les caractères et l'importance ne sont pas toujours faciles à obtenir par l'interrogatoire.

Comment ?

C'est un examen simple, réalisé à la consultation d'urologie et qui consiste à uriner dans un entonnoir relié à un appareil qui trace une courbe.

LA FIBROSCOPIE URÉTRO-VÉSICALE

Pourquoi ?

La fibroscopie urétro-vésicale permet de mettre en évidence :

- un aspect de vessie de lutte ;
- des calculs vésicaux ;
- une saillie importante de la prostate dans l'urètre ;
- un rétrécissement urétral responsable de la dysurie et dans cette indication elle remplace de plus en plus l'urétrographie rétrograde ;
- une tumeur de vessie à l'origine d'une hématurie.

La fibroscopie doit être systématique pour toute hématurie avant de dire qu'elle est d'origine prostatique.

Comment ?

Elle consiste à passer dans l'urètre un fibroscope (appareil souple à fibres optiques) permettant d'évaluer l'importance de l'hypertrophie prostatique et l'intérieur de la vessie. Elle se fait avec une anesthésie locale de l'urètre au gel de xylocaïne, ne dure que quelques minutes et se fait en ambulatoire.

L'UROGRAPHIE INTRAVEINEUSE (UIV)

Pourquoi ?

C'est une radiographie de tout l'appareil urinaire, depuis les reins jusqu'à la vessie et l'urètre. Cet examen permet de visualiser les « canalisations » mais il n'apporte aucune image sur la prostate (seules sont visibles des images de refoulement autour de la prostate). Il est très utile pour apprécier le retentissement d'une hypertrophie prostatique sur les canaux de l'appareil urinaire et sur le fonctionnement de la vessie.

L'urographie intraveineuse permet de rechercher :

- un aspect de vessie de lutte ;
- des calculs vésicaux ;
- un résidu post-mictionnel ;
- une distension des uretères, bassinets et calices ;
- un retard de fonctionnement des deux reins dans les atteintes évoluées ;
- un refoulement du plancher vésical ou un soulèvement de la terminaison des uretères par une prostate volumineuse ;
- l'existence d'une autre pathologie qui pourrait donner les mêmes symptômes que l'hypertrophie prostatique.

Comment ?

Elle est réalisée chez le radiologue. Il faut être à jeun. Un dosage de créatinine doit être fait auparavant et une préparation anti-allergique peut parfois être prescrite. Toute allergie à l'iode doit être signalée au moment de la prise du rendez-vous. L'examen dure environ 20 minutes et est réalisé avec une perfusion intraveineuse d'un produit iodé. Ce produit circule dans le sang et, au bout de quelques minutes, sera éliminé par les reins dans les voies urinaires.

Il permettra de rendre visibles les reins et leurs canaux (calices, bassinets, uretères). Les clichés des reins, des uretères, de la vessie et de l'urètre sont pris avant, pendant et après miction.

L'URÉTROCYSTOGRAPHIE RÉTROGRADE

Pourquoi ?

Elle n'est demandée que dans quelques cas particuliers. Elle est pratiquée pour rechercher des rétrécissements urétraux qui peuvent donner une dysurie identique à celle des hypertrophies prostatiques.

Comment ?

Le radiologue met en place une sonde au méat urinaire et injecte un produit iodé permettant de visualiser l'urètre puis la vessie.

LE SCANNER ET L'IMAGERIE PAR RÉSONANCE MAGNÉTIQUE (IRM)

Pourquoi ?

Ces examens plus complexes sont généralement demandés dans le bilan des cancers de la prostate. Ce sont deux techniques d'imagerie médicale qui donnent une idée plus précise sur le contenu de l'abdomen et du bassin et peuvent aider à choisir entre un traitement chirurgical, une radiothérapie ou l'utilisation de certains médicaments. Le scanner n'est pas très performant dans l'étude de la glande prostatique mais il est utile pour apprécier son environnement. L'IRM est plus intéressante au niveau de la prostate et son étude peut être avantageusement complétée par une sonde d'IRM endorectale.

Comment ?

Pour le scanner, il faut être à jeun et une injection de produit iodé est nécessaire. Pour l'IRM, toute existence de composé métallique à l'intérieur du corps doit être signalée (pace maker, prothèses...)

LA SCINTIGRAPHIE OSSEUSE

Pourquoi ?

Pour dépister des métastases osseuses secondaires au cancer prostatique.

Comment ?

Cet examen indolore consiste à obtenir une image de tout le squelette sur un seul cliché. On injecte par voie intraveineuse un produit radioactif à des doses très faibles, sans danger pour le patient et pour son entourage. La scintigraphie ne peut être pratiquée que dans des services spécialisés en médecine nucléaire.

LA BIOPSIE PROSTATIQUE

Pourquoi ?

On réalise une biopsie pour diagnostiquer un cancer prostatique.

Comment ?

Elle consiste à faire plusieurs prélèvements de la prostate avec une aiguille fine. Elle se fait par voie endorectale couplée à une échographie qui permet de guider le geste dans des zones bien précises de la prostate. On réalise couramment 6 à 8 prélèvements. Une anesthésie n'est pas nécessaire et ce geste se fait en consultation. Parfois l'examen pourra se faire sous anesthésie générale chez un sujet particulièrement sensible ou dans les cas où 12 voire 16 biopsies sont nécessaires. Les prélèvements sont ensuite examinés au microscope.

Comme il y a un risque infectieux, une préparation à base d'antibiotiques sera systématiquement prescrite avant l'examen. Tout traitement anticoagulant ou à base d'aspirine devra être mentionné pour être interrompu avant l'examen.

Dans les jours qui suivent une biopsie, il faut vérifier la température et ne pas s'inquiéter s'il y a des traces de sang dans l'urine, le sperme ou les selles. Cela peut durer quelques jours et parfois se prolonger pendant 2 à 3 semaines.

CONCLUSION

La compréhension des problèmes prostatiques n'est pas toujours facile et on peut retenir, schématiquement,

- qu'une hypertrophie bénigne sans symptôme ne doit pas être traitée,
- et qu'un cancer débutant sans symptôme nécessite l'ablation totale de la prostate.

Cette conclusion est simplifiée à l'extrême, mais s'il a fallu un livre pour en arriver à ces deux petites phrases, c'est que l'homme et sa partenaire se posent de nombreuses questions sur cette petite glande, d'à peine quinze grammes, située à un carrefour urinaire et génital important, pouvant porter atteinte à l'image de la virilité masculine et étant quand même la deuxième cause de décès par cancer chez l'homme en France.

Si ces quelques pages permettent de répondre à vos questions, de mieux équilibrer votre alimentation et de moins appréhender les problèmes prostatiques, encore tabous, alors vous en parlerez peut-être plus facilement avec votre médecin ou votre urologue car vous saurez que des réponses et des solutions existent et cet ouvrage aura alors rempli sa modeste fonction.

LEXIQUE

Antioxydant : substance capable de prévenir, réduire ou réparer des dégâts occasionnés par les radicaux libres. Un antioxydant peut diminuer ou empêcher l'oxydation cellulaire.

Anxiolytique : médicament destiné à lutter contre l'anxiété.

Bassinet : entonnoir collectant les urines à la sortie du rein, situé entre les calices et l'uretère.

Biopsie : prélèvement d'un échantillon de tissu (carotte) pour être analysé par un médecin anatomo-pathologiste à des fins diagnostiques.

Calice : tube collecteur d'urine, situé dans le rein et amenant l'urine dans le bassinet.

Canal déférent : canal véhiculant les spermatozoïdes depuis l'épididyme jusqu'à la prostate.

Cathéter sus-pubien : petit drain enfoncé à travers la peau, au dessus du pubis, pour évacuer une vessie en rétention quand le sondage est impossible.

Chimiothérapie : traitement utilisant des substances médicamenteuses pour traiter un cancer ; on parlera de chimiothérapie anti-cancéreuse qui utilise des drogues dites cytotoxiques, détruisant les cellules malades. Données par voie intra-veineuse, elles permettent de traiter la totalité de l'organisme.

Cœlioscopie : examen de la cavité abdominale avec un appareil à fibres optiques que l'on introduit par un petit orifice cutané. D'autres orifices permettent d'introduire des instruments chirurgicaux et on parlera alors d'intervention chirurgicale sous cœlioscopie.

Cystoscopie : examen endoscopique de la vessie avec un appareil rigide.

Détrusor : muscle vésical dont la contraction génère la miction.

Dysurie : difficulté à uriner. Le jet est faible.

Epididyme : canal véhiculant les spermatozoïdes depuis le testicule jusqu'au canal déférent.

Fibroscopie : examen endoscopique réalisé avec un appareil souple, à fibres optiques, beaucoup plus fin que les anciens appareils rigides. Pour la vessie, on parle de fibroscopie vésicale.

HBP : hyperplasie ou hypertrophie bénigne de la prostate.

Hématurie : présence de sang dans les urines.

Hémospermie : traces de sang dans le sperme.

Hyperplasie : développement exagéré d'un tissu ou d'un organe. Synonyme : hypertrophie.

Métastase : localisation de cellules cancéreuses dans un autre organe que celui dans lequel elles ont pris naissance.

Phlébite : constitution d'un caillot à l'intérieur d'une veine parfois associé à une inflammation de la paroi veineuse. La phlébite est souvent localisée aux membres inférieurs et le risque majeur est l'embolie pulmonaire pouvant être mortelle.

Pollakiurie : besoin fréquent d'uriner.

PSA *(Prostate Specific Antigen)* : marqueur plasmatique dont le dosage est utilisé dans le diagnostic des maladies prostatiques.

Rachianesthésie : anesthésie de la partie inférieure du corps par piqûre dans la colonne vertébrale.

Sclérose : durcissement fibreux, d'origine cicatricielle de la région opérée souvent associé à un rétrécissement de cette région.

Septicémie : envahissement de la circulation sanguine par des bactéries en provenance d'un site infecté, donnant de fortes poussées de température, de grands frissons et pouvant être mortelle par défaillance du système cardio-respiratoire.

Sténose : rétrécissement du calibre d'un canal ou d'un vaisseau. Dans le cas de l'urètre, cela peut survenir après des infections, un sondage urétral ou une intervention par voie urétrale.

Uretère : canal véhiculant l'urine depuis le bassinet jusqu'à la vessie.

Urètre : canal permettant l'émission, vers l'extérieur, d'urines en provenance de la vessie.

BIBLIOGRAPHIE

Études

Bent S : *Saw palmetto for benign prostatic hyperplasia.* N Engl J Med. 2006 Feb 9;354(6):557-66

Carbin E : *Treatment by curbicin in benign prostatic hyperplasia*, Swed J Biol Med 1989 ; 2 : 7-9.

Carbin E : *Treatment of benign prostatic hyperplasia with phytosterols*, British Journal of Urology 1990 ; 66 : 639-641.

Chan J : *Dairy products, calcium, and prostate cancer risk in the Physicians' Health Study.* American Journal of Clinical Nutrition 2001 ; 74 (4) : 549-554.

Clark L : *Decreased incidence of prostate cancer with selenium supplementation: results of a double-blind cancer prevention trial.* British Journal of Urology 1998 ; 81 (5) :730-734.

Demark-Wahnefried W. : *Pilot study of dietary fat restriction and flaxseed supplementation in men with prostate cancer before surgery : exploring the effects on hormonal levels, prostate-specific antigen and histopathologic features.* Urology 2001, 58(1) : 47-52.

Dutkiewicz S : *Usefulness of Cernilton in the treatment of benign prostatic hyperplasia.* International Urology and Nephrology 1996 ; 28 (1) : 49-53.

Gerber GS : *Randomized, double-blind, placebo controlled trial of saw palmetto in men with lower urinary tract symptoms.* The Journal of Urology 2001 ; 58 (6) : 960-964.

Giovannucci E : *A prospective study of dietary fat and risk of prostate cancer.* Journal of the National Cancer Institute 1993 ; 85 (19) :1571-1579.

Giovannucci E : *Obesity and benign prostatic hyperplasia.* American Journal of Epidemiology 1994 ; 140 (11) : 989-1002.

Giovannucci E : *Intake of carotenoids and retinol in relation to risk of prostate cancer.* Journal of the National Cancer Institute 1995 ; 87 (23) :1767-76.

Hanchette C : *Geographic patterns of prostate cancer mortality. Evidence for a protective effect of ultraviolet radiation.* Cancer 1992 ; 70 (12) : 2861-2869.

Heinonen P : *Prostate cancer and supplementation with alpha-tocopherol and beta-carotene: incidence and mortality in a controlled trial.* Journal of the National Cancer Institute 1998 ; 90 (6) : 440-446.

Hsing A : *Allium Vegetables and Risk of Prostate Cancer: A Population-Based Study.* Journal of the National Cancer Institute 2002, 94(21) : 1648-1651.

Hussain M : *Soy isoflavones in the treatment of prostate cancer.* 4th International Soy Symposium 2001.

Jenkins D : *Soy consumption and phytoestrogens: effect on serum prostate specific antigen when blood lipids and oxidized low-density lipoprotein are reduced in hyperlipidemic men.* Journal of Urology 2003 ; 169 (2) : 507-11.

Kirby R : *Efficacy and tolerability of doxazosin and finasteride, alone or in combination, in treatment of symptomatic benign prostatic hyperplasia: the Prospective European Doxazosin and Combination Therapy (PREDICT) trial.* Urology 2003 Jan ; 61(1):119-126.

Kristal R : *Vitamin and mineral supplement use is associated with reduced risk of prostate cancer.* Cancer Epidemiology Biomarkers & Prevention 1999 (10) : 887-892.

Kucuk O : *Effects of lycopene supplementation in patients with localized prostate cancer.* Experimental Biology and Medicine 2002 ; 227 (10) : 881-885.

Kushi L & Giovannucci E : *Dietary fat and cancer.* American Journal of Medicine 2002 ; 113 Suppl 9B : 63S-70S.

Metzker H : *Wirksamkeit eines Sabal-Urtica-kombinationspraparates bei der behandlung der benignen prostatahyperplasie (BPH).* Urologe 1996 ; 36 (4) : 292-300. Étude mentionnée et détaillée dans : Natural Standard (Ed). Herbs & Supplements - Saw palmetto, Nature Medicine Quality Standard. [Consulté le 6 janvier 2003]. www.naturalstandard.com

Mc Connel JD : *The Long term effects of medical therapy on the progression of BPH : results from the MTOPS trial.* Journal of Urology 2002; 167 (suppl) : 1042.

Michaud S : *A prospective study on intake of animal products and risk of prostate cancer.* Cancer Causes & Control 2001 ; 12 (6) :557-567.

Platz A : *Physical activity and benign prostatic hyperplasia.* Archives of Internal Medicine 1998 ; 158 (21) : 2349-2356.

Suzuki S : *Intakes of energy and macronutrients and the risk of benign prostatic hyperplasia.* American Journal of Clinical Nutrition 2002, 75 (4) : 689-697.

Terry P : *Fatty fish consumption and risk of prostate cancer.* The Lancet 2001 ; 357 (9270) : 1764-1766.

Uzzo G : *Zinc Inhibits Nuclear Factor-kappaB Activation and Sensitizes Prostate Cancer Cells to Cytotoxic Agents.* Clinical Cancer Research 2002 ; 8 (11) : 3579-3583.

Wilt J : *Beta-sitosterol for the treatment of benign prostatic hyperplasia: a systematic review.* British Journal of Urology 1999 ; 83 (9) : 976-983.

Wilt T : *Pygeum africanum for benign prostatic hyperplasia.* Cochrane Database of Systematic Reviews 2002 ; (1) : CD001044.

Zhou J : *Soy phytochemicals and tea bioactive components synergistically inhibit androgen-sensitive human prostate tumors in mice.* The Journal of Nutrition 2003 ; 133 (2) : 516-521.

Zhu S : *Waist circumference and obesity-associated risk factors among whites in the third National Health and Nutrition Examination Survey: clinical action thresholds.* American Journal of Clinical Nutrition 2002, 76 (4) : 743-749.

Ouvrages :

Grosclaude P : *Cancer de la prostate. In : Alimentation et cancer – Evaluation des données scientifiques.* CNERNA et CNRS. Tec&Doc. 1996.

Food, Nutrition and the Prevention of Cancer : a global perspective. World Cancer research Fund / American Institute for Cancer Research. 1997 (pp. 310-323).

Bertrand Guillonneau et Guy Vallancien : *UROLOGIE*- InterMed. Doin Editeurs, Paris, 1999.

Vincent Ravery : *Cancer de la Prostate.* Springer Verlag France, Paris, 2002.

Patrice Pfeifer : *La prostate au quotidien.* Odile Jacob, 1999.

Internet Utile

www.espritphyto.com

Boutique de phytothérapie en ligne